그림책에서 생각찾기

• 양연주 지음

그림책에서 생각찾기

1판 1쇄 인쇄 2020년 11월 20일
1판 1쇄 발행 2020년 11월 25일

지은이 양연주

발행처 하늘바람별
발행인 이은주

신고번호 제2012-000190호
신고일자 2012년 06월 01일

주소 (121-896) 서울특별시 마포구 양화로7길 84
전화 02-325-5676
팩스 02-333-5980

저작권자 ⓒ 2020 양연주
이 책의 저작권자는 위와 같습니다. 저작권자의 동의 없이
내용의 일부를 인용하거나 발췌하는 것을 금합니다.

값은 표지에 있습니다.
ISBN 979-11-87904-32-8 (73800)

ⓒ Getty Images Bank

그림책에서 생각찾기

• 양연주 지음

하늘
바람
별★

들어가는 글

동화를 쓰고 학생들과 공부하는 것으로 밥벌이로 하고 있다.

그런 탓에 이러저러한 책을 읽곤 하는데 내 독서량의 가장 큰 부분은 그림책이 차지한다. 그림을 읽고, 글을 읽고, 숨은 그림을 찾고 숨은 글을 찾다보면 그림책 읽기는 점점 깊어지고 풍성해진다. 그림책을 펼치면, 글이 말을 하고 그림이 말을 한다. 글이 보여주고 그림이 보여준다. 독자를 적극적으로 참여시키는 그림책도 있어서 독자인 나는 그림책의 한 부분이 되기도 한다. 말 그대로 글과 그림과 물리적인 책과 독자와 세상이 모두 그림책이 되는 것이다. 멋진 종합예술이다.

그림책은 이미 종합예술로서의 역할을 잘해내고 있음을 안다. 그림책에 대한 책들 또한 꽤 여러 권이 나와 있는 것도 안다. 그런데 어디 줄 세워 들여보내기도 애매한 이 책을 나는 또 어쩌자고 내는 것인가. 아이를 낳은 적도 키운 적도 없고, 본격적으로 아이에 대한 공부를 한 적도 없으면서 말이다. 그저 동화를 쓰고, 동화를 쓰거나 쓰려는 젊은 친구들과 공부하고, 그림책을 아주 좋아해서 즐겨 읽는 것뿐이다. 그러나 이러저러한 이유와 핑계로 용기를 냈다.

  이 책에 실린 것들은, 청탁을 받아 서평 형식으로 쓴 글도 있고, 그림책을 읽은 뒤 일기처럼 몇 자씩 적어둔 것을 정리한 글도 있다. 그중 가급적 오래된 그림책 이야기를 골라 담았다. 이 좋은 책들이 잊히면 어쩌나 조바심을 내는 성격 탓도 있겠으나, 언급한 그림책들이 다시금 사람들의 손을 탔으면 하는 바람이 더 크기 때문이다.

 수백 권의 그림책이 내게 와서 무엇을 했나 더듬어 본다. 그림책은 그간 내게 용기를 줬고, 겸손을 줬고, 부끄러움을 줬다. 웃음을 울음을 분노를 기쁨을 주었으나 이런 기분과 마음들이 왜 어떻게 내게 왔는가를 생각하게 한 것이 가장 크다. 그림책은 독자로 하여금 생각하도록 하는 힘이 정말 세다.

 다음 지면을 꾸려서 흰머리가 생긴 뒤 읽은 책과 글 없는 그림책에 대한 생각을 정리하고 싶다. 그때는 지금처럼 떨지 않고 더 낫게 할 것도 같은 근거 없는 자신감이 든다. 오지 않는 시간을 꿈꾸는 나이 듦이 그리 나쁘지 않은 것 같다. 그림책 덕분이라고 단언한다.

아, 나는 또 책을 내버렸다.

나를 닮았을 게 뻔한 이 책이 세상 밖으로 나가서 어떤 역할을 할지는 모르겠다. 다만 몇의 마음이라도 울려주기를, 그래서 그림책을 펼치게 해주기를 빈다.

그리고 부디 이 책이 요긴한 라면받침 역할도 잘 수행했으면 좋겠다.

차례

들어가는 글 • 4

STORY
01
나를 읽는 시간

'친구'의 뜻과 진짜 '친구' • 14

진짜 공부에 대하여 • 22

어디에도 없는 그 일등 • 30

보이지 않아도 있어야 할 것들 • 38

'역할'에서 '되기'로 • 44

잘 자란다는 것 • 52

세계 속으로 다이빙 • 60

두려움을 넘어서 • 68

몸을 바꿔 나타나는 어둠 • 76

STORY
02
우리를 읽는 시간

숲 속 작은 집 식구들 • 86

그땐 그랬지 • 94

다른 각자가 함께하는 세상 • 102

꿈 많은 노인 • 110

만만찮은 선생을 다스리는 방법 • 118

개미 생각 인간 생각 • 126

밥과 같은 맛 • 134

사회생활의 시작 • 142

STORY

— 01 —

나를 읽는 시간

- 네 친구는 어디 있니?

  노태완 글
  권진희 그림
  아지북스
  38p

'친구'의 뜻과 진짜 '친구'

　말을 가지고 밥을 벌어먹는 사람들이 말의 한계를 인정한다면 어떨까. 그 인정과 곧 패배일까? 한계를 인정하면서 오히려 그것을 보완하는 어떤 질문을 만들어주는 건 아닐까?
　친구 찾기 고군분투를 그린 한 권의 그림책이 있다.『네 친구는 어디 있니?』가 그것이다. 토돌이는 책벌레다. 자녀가 부모를 기쁘게 하는 것 중 하나가 독서다. 책읽기에 푹 빠진 아이를 보는 부모는 뿌듯해 마지 않는다. 그런데 토돌이에겐 그것이 바로 문제다. 책에 빠져도 너무 빠졌으니 말이다.
　책을 읽어도 너무 읽어서 안경을 끼게 된 토돌이는 태어나면서부터 안경을 쓴 건 아니다. 풍선도, 장난감도 가지고 놀았다. 자연스럽게 올라간 토돌이의 귀가 열린 문 사이로 보인다. 평범한 아기 토끼였다고 짐작할 수 있다. 하지만 책을 한 권, 두 권, 세 권…… 열 권을 쭉 읽어간다. 책에 푹 빠져서 책에 얼굴이 파묻힌 토돌이. 그러다 보니 안경을 쓰게 되었다.

어쨌든, 장소를 가리지 않고 책을 읽어대는 토돌이. 코끼리가 와도 책만 본다. 그 덕분인지 아는 게 많다고 소문이 났다. 코끼리가 궁금한 것을 물어온다. "그것도 몰라?"는 책에 묻혀서 눈도 안 보이는 토돌이의 대답이다. 기린, 고슴도치가 궁금한 것을 물어와도 토돌이의 대답은 "그것도 몰라?"다. 아예 그들과 등지고 돌아서서 책을 보며 해준 대답이다.

어느 날 두더지가 토돌이에게 '네 친구는 어디 있니'라고 묻는다. 순간 자기 곁에 아무도 없는 것을 깨닫는다. 이때 토돌이의 텅 빈 눈빛이 애처롭다. 친구의 물음이 대답할 수 없다니. 그렇게 책을 봤는데도. 대답할 수 있는 질문이 있다는 사실에 당황한다. 문득 자신이 작아짐을 느낀다. 펼쳐진 책은 바닥에 놓여있고, 망연자실해 있는 토돌이. 그러나 우리의 토돌이는 토돌이다운 행동을 개시한다. 친구가 없는 이유를 도서관에서 찾는 것.

도서관 문을 열어젖힌 토돌이 장면에서 작가의 재치가 돋보인다. 도서관에 들어섰는데, 토돌이의 뒤쪽. 그러니까 밖은 환하다. 그러나 도서관은 어두컴컴하다. 그저 토돌이의 그림자만 보인다. 두꺼운 안경을 끼고 도서관 문 앞에 선 토돌이. 막막한

기운이 감돈다. 또 다시 시작한다. 책을 한 권, 두 권, 세 권……열 권을 읽는다. 답을 찾을 수가 없다. 다시 책을 읽고 또 읽는다. 책에 쌓여 눌릴 지경이 되지만 여전히 답을 찾지 못하는 토돌이다. 책에 짓눌린 토돌이의 얼굴만 보인다. 텅 빈 눈. 그리고 산더미처럼 쌓인 책들. 답답해진 토돌이는 찾아가 보기로 한다. 도서관의 책을 밀치고 달려 나오는 토돌이. 책으로 뒤죽박죽인 어두컴컴한 도서관과 토돌이 앞으로 펼쳐진 밝은 바깥. 긴 귀를 휘날리며 바깥으로 뛰어나왔다. 그러고는 코끼리를 기린을 고슴도치를 새를 찾아간다.

아는 것이 많은 토돌이에게 주변에서들 궁금한 것을 물었었다. 그런데 이번에는 토돌이가 물어야 한다. 늘 '그것도 몰라?'하며 무시했던 그들에게 답을 구해야하니 기가 죽었을 것이다. 자존심은 또 어떠했겠는가. 이때의 토돌이의 모습이라니. 귀는 축 늘어졌고, 눈도 처졌고 눈빛은 초점이 없다. 게다가 곧 울 것 같은 표정이다.

그러나 묻는다. '내 친구가 어디 있는지 아니?'라고. 그들의 대답은 "그것도 몰라?"다. 다들 동그랗게 눈을 뜨고 토돌이를 바라본다. 토돌이도 그들을 마주보고 있다. 비로소 눈을 맞추고 있다.

'우리는 친구'라며 코끼리와 고슴도치와 기린과 새가 크게 웃는다. 하나같이 눈이 반달이다. 활짝 웃는 장면으로 꽉 차 있

다. 그들의 웃음은 참으로 컸다. 코끼리와 기린이 토돌이와 고슴도치와 새는 함께 뛰어놀았다. 그들이 함께 만들어낸 웃음은 노랗고 따뜻한 색감으로 처리되어 있다.

그 다음 장을 보자. '이 책에 다 담을 수 없을 만큼 컸답니다.'라는 텍스트와 자그마한 책 한 권. 책이 갑자기 자그마해질 수는 없을 테니, 본래 그만했던 책일 게다. 토돌이의 모습을 전부 덮어버릴 만큼 컸던 것은 그저 토돌이의 생각이다, 라는 일침 같다.

이 책은, '토돌이와 친구들의 웃음을 표현할 수는 있다. 그러나 웃음 자체는 담을 수 없지 않느냐'는 작가의 질문으로 읽힌다. 어쩌면 고백으로도 읽힌다.

책은 삶을 담는다. 그러나 책에 담긴 것이 삶 자체는 아니다. 책이 담았다고 해도 그것은 표현된 삶일 뿐이다. 삶의 길잡이가 되고 도움을 줄 수는 있으나 삶 자체가 아니라는 말이다. 책벌레 토돌이는 책을 삶이라고 오해했을 것이다. 그러나 책은 친구의 뜻을 알려줄 수는 있으나 친구를 줄 수 없었다. 삶의 모습은 알려줄 수 있으나 삶은 줄 수 없듯이.

참 건강한 책(혹은 작가)이다. 이것이 '책'이어서 더욱 그렇다. '나는 책일 뿐이야. 모든 걸 알려주는 신이 아니야.'라는 소박한 고백. 그러니까 이 책은, 지식 혹은 말로 전달될 수 있는 것은 한계가 있다고 인정하고 있다는 적극적 해석을 허락한다. 한계의 인정이 곧 작가의 새로운 도전이며 앞으로 나가는 질문이 될 것이라고 확신한다. 이것이야말로 책이 할 수 있는 최고의 가치 아닐까?

실천은 말로 되는 것이 아니다. 우정 역시 그렇다. 지식으로 할 수 있는 우정은 없다. 그것은 교감이며 지혜로 가능한 것이다. 그러니 교감을 나누시라. 토돌이가 친구와 눈빛을 나누고 교감을 나눴듯이.

언어나 지식으로서의 친구 찾기에서 벗어나서 바깥으로 뛰어나가 친구를 만나고 부딪치라는 작가의 권유에 박수를 보낸다.

● 고슴도치의 알
다카하시 노조미 지음
이순영 옮김
북극곰
36p

진짜 공부에 대하여

　호기심이 많은 아기 고슴도치는 알을 품고 있는 오리 아줌마에게 무엇을 하는지 묻는다. 오리 아줌마는 알을 품고 있으며 곧 아기오리가 태어날 거라고 일러준다. 그래서 아기 고슴도치는 '나도 알이 있으면 좋겠다'고 생각한다. 그러다가 나무 아래 동그란 무언가를 발견한다. 가까이 가서 엎드린 채 그것을 관찰한다. 거의 코를 들이댈 만큼 가깝다. 아, 바로 이거다 싶었다. 동그란 알. 오리 아줌마가 품었던 알도 동그랬고, 이것도 동그랗구나. 더구나 자신과 닮은 듯도 하다.
　드디어 고슴도치는 알을 품었다. 고슴도치 친구들이 뭐하냐고 물어오자 고슴도치는 곧 알이 깨어날 거라고 말한다. 왜냐하면 자신이 알을 품었으니까. 더구나 비를 막아주고, 그늘도 만들어 주고, 자장가도 불러주며 품고 있으니까. 고슴도치 친구들이 보기에는 이해할 수가 없다. 아무리 봐도 그건 알이 아니다. 그러니 잘 보살펴도 아무 것도 나올 게 없다. 하지만 고슴도치는 막무가내로 '꼭 나올 거'란다. 친구들의 걱정과 비웃음도 버거운데, 다음날에는 비바람까지 사납게 불어온다. 나뭇가지가 부러지고 나무가 통째로 쓰러질 만큼 위력이 세다. 알이 걱정된 고슴도치는 알이 있던 자리로 달려간다. 그러나 알이 없다. 허겁지겁 찾아보니, 품고 아끼고 사랑했던 '내 알'이 쓰러진 나무 밑에 깨져 있는 게 아닌가. 깨진 알을 두 손으로 받쳐 든 고슴도치는 울음을 터트린다. 눈물범벅이 되어 '으아아아아아아앙!' 슬프게 운다. 그런데 그때 깨진 알 속에서 뭔가 고개를 쑥 내민다. 꼬물꼬물한 그것. 바로 밤벌레다. 밤벌레는 고슴도치와 눈이 딱 마주친다. 고슴도치는 신나서 다른 고슴도치들에게 달려간다. 이것 보라고, 알이 깨어났다고. 나랑 똑같이 생겼다고, 내가 뭐랬냐고. 들여다보니, 밤벌레의 머리와 고슴도치의 얼굴이 비슷하다면 비슷하다. 이제 고슴도치는 아기(밤에서 아예 빠져나온 기다란 밤벌레)를 머리에 얹고 다닌다. 그러다가 문득 고슴도치 친구들을 본다. 친구들은 하나같이 알(밤송이) 하나씩을 품고 있다.

오리 아줌마가 알을 품고 있는 것은 풀숲에 사는 고슴도치

라면 알만한 일이다. 그런데 유독 아기 고슴도치 한 마리만 호기심을 드러냈다. 내가 사는 세상에 대한 궁금증, 그 궁금증을 해소해 가는 것이 곧 사는 공부가 된다.

우선, 알을 찾아 나선다. 바쁜 걸음이다. 꽃 사이를 뛰어가는 고슴도치 보폭이 매우 크다. 꽃들 사이를 헤치고 초록 가득한 숲을 헤맨다. 그러다가 발견한 알. 그 알을 무작정 품는 것이 아니라, 잘 들여다본다. 엎드려서 눈높이를 알과 맞추고 진지하게 들여다본다. 이것이 내가 찾는 그것인가 하고. 어쩌면 나와 닮은 듯도 하고, 동그랗기도 하다. 크기도 적당하다. 바로 그거라는 확신이 선다.

새로운 존재와의 만남을 위해서는 시간이 필요하다. 알을 품는 일은 쉬운 일이 아니다. 그러나 고슴도치는 인내심 있게 알을 품고 공을 들인다. 비가 오면 비도 막아준다. 해가 뜨면 더울까봐 그늘도 만들어 준다. 물리적인 도움만 주는 것은 아니다. 심심할까봐 자장가도 불러준다. 어쩌면 감성적인 부분까지도 빼놓지 않고 배려했다 하겠다. 고슴도치 엄마가 아기 고슴도치에게 해 주었을 법한 일들이다. 시간과 공을 온전히 들여야 자식을 키울 수 있다는 것을, 그것이 온통 사랑임을 고슴도치는 터득한 것이다. 어쩌면 소꿉놀이 같은 고슴도치의 행동이 큰 공부다. 이미 큰 공부여서, 엄마가 되려면 어찌해야 한다는 설교는 필요치 않다. 그러는 사이 애정은 싹터서 알이 온전히 내 존재의 일부가 되어버린 거다. 그러니 이 알이 안 보일 때 고슴도치는 큰 울음을 터트릴 수밖에 없었다. 새끼를 품는 일에, 어려움이 왜 없으랴. 가슴 아픈 과정이 왜 없으랴. 이것 또한 고슴도치는 몸으로 터득하게 되었다. 이런 값진 배움이 또 어디 있겠는가. 어떤 설교와 어떤 학문이 이보다 낫겠는가.

폭풍우가 지나가고 가슴 아픈 과정을 거치자 아기 고슴도치는 자신을 닮은 새끼를 얻는다. 물론, 진짜 새끼는 아니지만, 사랑을 다해 품었고, 생명이 태어났으니 이미 고슴도치의 새끼다. 아, 이 마주침. 고슴도치와의 마주침은 밤벌레에게는 세상과의 마주침이며, 고슴도치 역시 새로운 존재와의 마주침이다. 눈물 한 방울 매단 고슴도치의 눈과 밤벌레의 눈이 딱 마주쳤다. 그러니 밤벌레는 밤벌레대로 고슴도치는 고슴도치대로 새로운 존재가 되었다.

알을 품어본 경험으로 이미 새로운 존재가 되었으니 고슴도치는 더 이상 이 새끼가 고슴도치이건 아니건 중요하지 않다. 사랑을 다하여 품은 것이니, 나랑 똑같이 생겼다 할 수밖에. 내 보살핌과 내 자장가를 듣고 자란 것이니. 아기 고슴도치의 이 경이로운 경험은 다른 친구들에게로 두루 퍼져 나간다. 바쁘다, 바빠. 다른 고슴도치들도 하나같이 밤송이를 품고 앉아 계시겠다. 알 속에는 생명이 있다. 아기 고슴도치가 품어서 세상에 깨나게 한 것 역시 생명력을 가졌다. 아기 고슴도치가 깨닫고 터득해서 가지게 되었을 사랑과 경험. 이것은 두고두고 고슴도치에게 자산이 될 것이다. 그리고 친구 고슴도치들을 움직이게 한 것 역시 그 생명력 중 하나겠다.

 아기 고슴도치들처럼 우리도 이랬으면 좋겠다. 글자로 배우지 않고, 설교로 배우지 않고, 터득하는 일. 그것이 배움이고 진짜 공부였으면 좋겠다. 그래서 그 공부로 일생 살아갈 힘이 되고 빵빵한 스팩이 되었으면, 그랬으면 참참참 좋겠다.

● 나도 최고가 되고 싶어요

앨리슨 워치 글

패트리스 바톤 그림

책과 콩나무

40p

어디에도 없는 그 일등

『나도 최고가 되고 싶어요』를 보는데 어디에도 없다. 이제나 저제나 나오려나 해도 그 최고가 없다. '일등'으로 대표되는 성적. 뭐든 최고인 바이올렛의 구구절절한 정보에 성적에 관한 내용이 없다. 그런데 최고라니, 그것도 모두가 인정하는 최고라니.

바이올렛은 달리기면 달리기, 노래면 노래, 수다면 수다, 멋 내기면 멋 내기 죄다 최고다. 게다가 모두들 바이올렛이 최고임을 인정한다, 딱 한 사람 로지만 빼고. 그런데 최고인 바이올렛의 성적 얘기는 없다. 이야기가 펼쳐지는 장소가 교실인데도 그렇다.

처음에는 '일등'을 찾아보자고 읽었고, 그 다음에는 숨겨놓은 장치가 없나 꼼꼼하게 살폈다. 그러고 나서 바이올렛이 최고라고 인정해주는 '모두'에 대해 생각해보는 데 이르렀다. 그렇구나, 아이들이구나. 또래 아이들이 바이올렛을 '최고'라고 인정해주고 있었다. 그러니 그들만의 '최고'의 조건이 있을 터. 그것이 바로 달리기, 노래, 큰 목소리, 멋 부리기다. 그런데 바이올렛은 다함께 달리는 종목에서 혼자만 튀어나가고, 합창 시간에는 혼자서 눈에 띄게 큰소리로 노래한다. 점심시간에는 음식이 튀도록 큰소리로 말하고 멋 부릴 때 역시 과도하게 꾸미고 나타난다. 좀 어이없는 최고다. 그런데 아이들에게는 인정받는 '정말로 최고'라 한다. 그에 비해 로지는 달리기나 노래, 수다, 외모 꾸미기에서 눈에 띄지 않는다. 같은 기준이다. 달리다가 땅에 핀 들꽃에 마음을 뺏기니 잘 달리지 못하는 것은 당연하다. 목소리는 작으니 합창 시간에 눈에 안 띌 테고, 친구들과 수다를 떨 때도 이야기책에 푹 빠지니 목소리가 없을 수밖에. 게다가 멋도 잘 부리지 않는 아이다.

어느 날, 반 친구들 모두 완두콩을 키우게 된다. 물론 제일 신 난 사람은 바이올렛이다. 지금껏 모든 면에서 최고였으니 완두콩도 가장 잘 키울 것은 모두가 예상한 바. 역시, 화분을 꾸미는 일부터 바이올렛은 단연 최고다. 반짝이를 여기저기 붙여서 한눈에 봐도 반짝반짝 빛나는 바이올렛의 화분. 이에 비해 로지는 하늘색 하트가 소박하게 그려진 그저 평범한 화분을 껴안고 있다. 아이들과는 다른 방향에 서서 화분을 사랑스럽게 들여다본다.

화분에 흙을 담고 완두콩 씨앗을 심으며 씨앗이 건강한 식물로 자라는 데는 공기, 흙, 물, 햇빛이 필요하다는 것을 배운다. 이때도 로지는 외따로 떨어져서 정성껏 작은 씨앗을 심는다.

하루하루가 지나고 모두들 기다리지만 완두콩 화분에서는 아무 일도 일어나지 않는다. 기다림이 지루해진 아이들은 수박이나 금귤을 심을 걸 하고 후회한다.

로지와 바이올렛 화분에서 가장 먼저 초록빛 싹이 나온다. 로지는 윌리스 선생님한테 빨리 보여주고 싶다. 참외 씨만큼 고개를 내민 씨앗이 너무도 사랑스러워 마음을 몽땅 빼앗겼다. 그 사이 바이올렛이 '내가 일등'이라고 먼저 외친다. 그러므로 바이올렛이 로지보다 최고가 되는 것은 당연지사.

선생님이 안 보는 사이 로지는 자기 새싹보다 조금 더 큰 바이올렛 새싹을 흙으로 덮어버리고 속으로 '내 완두콩이 최고'라고 생각한다. 아주 '잠깐'은 기분이 '최고'였다. 짧은 잠깐이다.

그러나 로지에게 곧이어 밀려드는 후회. 급기야 바이올렛마저 수두에 걸려 여러 날 결석한다는 소식까지 전해진다. 책상에 푹 엎드린 로지는 바이올렛 새싹과 바이올렛에게 미안해진다. 가슴이 두근거려서 마음 색깔처럼 컴컴한 책을 읽지도 못하고 펴고만 있는 로지. 하지만 걱정 마시라. 바이올렛은 '앞으로 어

떻게 해야 할지 잘 알고 있다. 친구를 미워했을 때, 잘못을 저질렀을 때 로지는 앞으로 어떻게 해야 할지 알고 있다.

바이올렛이 결석한 두 주 동안 로지는 매일 아침 학교에 일찍 와서 두 화분을 정성껏 돌본다. 기록장까지 만들어서 두 화분에 물을 준 것을 표시하고 식물이 자라나는 그림도 그려둔다. 식물이 잘 자라기 위해 필요한 햇빛, 공기, 흙, 물만 챙기는 것은 아니다. 함께 알아둬야 할 것도 챙긴다. 햇빛을 잘 쬐도록 해주고, 잘 자라라고 아름다운 노래도 불러준다. 물론, 바이올렛 완두콩에게도.

그 사이 꼼꼼하게 채워진 로지의 기록장을 보라. 윌리스 선생님이 씨앗을 심을 때 설명했던 '햇빛, 공기, 흙, 물'을 스스로 터득한 것을 알 수 있다. 앞으로 어떻게 해야 할지를 아는 로지가 스스로 터득한 또 하나의 지혜다. 앞으로 어떻게 해야 할지를 알고 지혜를 터득한 로지에게 '최고의 원예사'라는 윌리스 선생님의 칭찬은 그래서 덤이다. 다른 화분보다 월등히 자란 두 화분 앞에 선 윌리스 선생님과 의기양양하게 배를 쑥 내밀고 선 로지. 어떻게 해야 할지를 알고 그것을 실천한 로지는 당연히 당당해질 수밖에 없다. 선생님의 칭찬이 없었더라도 로지는 이미 당당한 아이로 선 것이다.

수두마저 '최고(악)의 환자'였던 바이올렛이 학교에 돌아와서 쑥 자란 완두콩을 보고 만세를 부른다. 선생님 덕에 로지가 키워준 것을 알게 된 바이올렛은 아주 작은 목소리로 로지에게 고마움을 전한다. 그리고 곧 커다란 목소리로 최고답게 '내 완두콩이 제일 반짝반짝 빛난다'고 선언한다. 이제 로지는 더 이상 바이올렛의 '최고'가 싫지도 부럽지도 않다. 지지대를 타고 쭉쭉 올라가는 완두콩처럼 마음이 자랐기 때문이다.

로지가 바이올렛 새싹을 흙으로 덮어버릴 때 윌리스 선생님은 칠판에 글씨를 쓰고 있었다. '함께 알아 두세요!'라는 글씨다. 씨앗, 뿌리, 줄기, 새싹, 잎, 영양분, 산소, 이산화탄소, 엽록소, 광합성이라는 글씨와 함께.

함께 알아두어야 할 것이 많다. 우리가 아는 것 말고도 그것과 함께, 아이들은 앞으로 해야 할 것을 안다는 것도 알아두어야 하고, '최고'는 성적으로 줄 세우기만이 아님을 알아두어야 하고, 원예사가 얼마나 멋진 일을 하는 직업인지도 알아두어야 한다. 어디에도 없는 것이 내가 알고 있는 그것만이 아니라는 것은 더더욱 함께 알아두어야 한다.

사랑스런 로지 외에도 깜찍한 바이올렛을 더 얘기하고 싶다. 그러나 군더더기 많은 말 탓에 부족한 종이여. '최고'에 대한 바이올렛의 인정이 왜 멋진지는 가슴으로 느끼시기를.

어디에도 없는 그 일등을 찾으려던 부끄러운 내 시도는 처참히 무너지고 말았다. 그러나 다행히 기쁘다.

● 유령이 보이니?

안트예 담 글
문학동네
32p

보이지 않아도 있어야 할 것들

어릴 적에는, 혼자서 밤에 화장실에 가지 못했다. 빨간 손, 파란 손이 나올까봐 무서웠기 때문이다. 어두운 골목도 혼자서 지나다니지 못했다. 도깨비가 나와서 나랑 씨름하자고 조를지도 모른다는 생각 때문이었다.

빨간 손, 파란 손이나 도깨비, 혹은 귀신, 유령을 실제로 본 적은 없다. 그저 옛이야기에서 얻어들었거나 책에서 읽은 것뿐이다. 그렇지만 결코 그것들은 실재하지 않았다. 지금은 확실하게 그것들이 존재하지 않음을 알고 있다. 그런데 어릴 땐 왜 믿었을까?

'눈에 보이지 않는 것'을 왜 믿었을까?

어두운 밤길에서 '도깨비'가 무서웠던 시절은 차라리 행복했다. 지금은 '눈에 보이는 것'이 무섭다. 밤길에서 가장 무서운 것은 '사람'이다. 차라리 사람이 아무도 없는 길(확실히 보장됐다면)이 가장 안전하다고 생각한다. 실제로도 그럴 것이다.

어른들의 놀이가 '실제놀이'라면 아이들의 놀이는 '상상놀이'다.

높은 곳에서 뛰어내리다가 팔이 부러진 아이는 '황금박쥐'나 '슈퍼맨'을 상상하고 뛰어내린 것이다. 소꿉장난에 시간 가는 줄 모르는 아이는 엄마, 아빠를 상상하며 시간을 보낸다.

어른들은 눈에 보이지 않는 것을 잘 믿지 않는 경향이 강하고 아이들은 눈에 보이지 않는 것도 상상해서 곧잘 믿는다.

엄마를 다급하게 부르는 갈래머리 여자 아이도 눈에 보이지 않는 것을 믿고 있다.

옷장 위에 숨어 있는 유령과 창가에 걸린 인형을 흔들리게 하는 유령, 세탁기 속에도, 고무나무에도 유령이 있다. 때로는 침대 밑이나 이불 속에 숨기도 하는 유령은 목욕탕 깔개 밑으로 도망치기도 한다. 사람들 몰래 케이크를 갉아 먹는 것도 유령이다. 사람들 몰래 아빠 슬리퍼를 신고 살금살금 걷기도 한다. 때로는 엄마 머리위에 앉아서 아이를 빤히 내려다보기도 한다.

그렇지만 엄마는 유령의 존재를 믿지 않는다. 아무것도 보이지 않는다고 아이를 설득하고 달랜다. 아이도 알고 있다고 했다. 보이지 않으니까 진짜 유령이라고 한다. 원래 유령은 보이지 않기 때문이라면서. 그렇지만 한 번쯤은 유령과 만나서 놀고 싶기도 하다.

아이의 무서움에 엄마가 대처하는 방법은 계속 똑같다. 확인시켜주는 것이다.

옷장 위를 실제로 들여다보고, 인형이 바람에 움직인 것임을 확인시켜준다. 세탁기에도 고개를 들이밀어서 아무것도 없음을 알려주고, 고무나무에도 침대 밑이나 이 불 속에도 유령이 없다고 보여준다. 엄마의 행동은 '보이지 않는 것'은 '없다'는 것을 전제조건으로 하고 있다. 그러나 갈래머리 여자 아이는 그렇지 않다.

'보이지 않는 것'이라고 해서 없는 것은 아니다. 그렇기 때문에 엄마의 머리 위에 유령이 있음을 느끼는 것이다. 대반전이다. 유령은 없다는 것을 증명하고 있는 엄마의 머리 위에 바로 유령이 있다는 설정은 그래서 유쾌하다.

사실 아이는 엄마와 함께 유령을 찾는 것이기도 하지만, 집안 곳곳을 탐험하는 즐거움을 누리고 있다. 탐험을 좋아하고 흉내 내기 좋아하는 아이들에게 숨은 즐거움을 주는 장면들이기도 할 것이다.

어른이 되어 간다는 것은 상상력을 잃어가는 과정이라는 생각이 든다.

  내가 알던 빨간 손, 파란 손을 잃어가고, 도깨비를 귀신을 유령을 잃으면서 그 자리는 '사람'으로 대신하고 있다. 나랑 똑같은 사람이 도깨비나 유령보다 더 무서운 것을 알게 됐다.

  많은 무서운 것들이 한 가지로 축소되었는데 나는 왜 어릴 적보다 세상이 무서운 것일까?

  과연 우리는 유령을 잃으면서 사람을 얻은 것일까? 그러기는 한 것일까.

● 삐약이 엄마

백희나

스토리보울

44p

'역할'에서 '되기'로

백희나의 『삐약이 엄마』는 독자의 기대를 고려하지 않은 '풀어진, 너무도 풀어진'듯한 작품이다. 구름으로 빵을 만들고, 그 빵을 먹은 고양이가 하늘을 난다는 기발한 발상, 독특한 일러스트레이션과 캐릭터들만으로도 이미 거대한 상품이 된 『구름빵』, 녹아내린 달로 샤베트를 만든다는 재미난 발상과 튀는 일러스트레이션을 가진 『달샤베트』, 유쾌한 이야기를 넘어서 책장까지 병풍으로 만들어낸 『어제 저녁』으로 이미 독자들은 작가에게 무척이나 기대가 컸을 것이다. 그러니 뭔가 허전해 보이는 이 작품에 대해 그렇게 느낄 만도 하다.

직접 꿰매고 만들고 붙이고 요리하고 촬영하여 꾸민 그야말로 손이 말도 못하게 많이 갔을 작업에서, 이번에는 헐렁해 보이기까지 한 단순한 목탄화로 돌아왔다. 고양이 한 마리와 병아리, 그리고 닭 몇 마리가 전부다. 더 뒤적여 봐도 만든 인형이나 요리해서 찍은 사진이나 전작처럼 손이 수도 없이 갔을 법한 소품 하나 없다. 그것만으로 과연 이 책이 기대에 어긋났다고 할 수 있을까? 『삐약이 엄마』를 찬찬히 들여다보자.

뚱뚱하고 식탐이 있는 데다 작고 약한 동물을 괴롭히는 재미로 살아가는 악명 높은 고양이 '니양이'는 갓 낳은 달걀을 좋아한다. 어느 봄날, 운 좋게 차지한 탐스럽고 예쁜 달걀을 꿀꺽 삼켰다. 그로부터 며칠이 지나자 니양이 몸이 점점 뚱뚱해지고, 배가 아파온다. 똥을 누려는데 똥 대신 병아리가 나와버렸다. 아니 낳아버렸다. 이 낯선 존재를 낳은 니양이는 너무 놀라 뒷걸음질쳤다. 받아들일 준비가 전혀 안 되어 있으니 뒷걸음질 쳐서 달아나는 수밖에. 그러나 갓 태어난 병아리가 니양이의 품속으로 파고들자 니양이는 어찌할 줄 모르고 그냥 굳어버린다. 망연자실하던 니양이는 노란 병아리의 작고 보드라운 머리통을 슬며시 핥아본다. 니양이의 조심스런 움직임에 병아리는 기분 좋게 눈을 감고 대답한다. "삐약."

아기가 처음 엄마라고 불렀을 때 초보 엄마들은 눈물을 흘릴 만큼 감격한다. 자신이 엄마인 것을 아이의 언어로 인해 인정받는 감동적인 순간인 것이다. 니양이도 그랬다. 다른 엄마들처럼 가슴이 뭉클해져서는 "이제부터 너를 '삐약이'라고 불러주마."라고 말한다.

이때부터 시작되는 관계 '엄마 역할과 아기'. 니양이는 '삐약이 엄마'라고 불리기 전에 '엄마 역할'을 먼저 경험해나간다. 바로, 아기 삐약이를 보호하는 일. 항상 옆에 두고, 챙겨 먹이고, 위험한 것들로부터 보호하는 것. 이 역할을 해나갈 때, 이웃들은 악명 높은 니양이를 '삐약이 엄마'라고 부르고 기억하게 된다. 예전 같으면 악명 높은 니양이한테서 멀찍이 도망 다녔을 법한 닭들이 니양이와 같은 엄마로서 '이웃'이 된 것이다. 이 대목의 그림을 보면, 삐약이와 다른 병아리들이 함께 놀고 있고 조금 떨어져서 어미 닭들과 삐약이 엄마 니양이가 함께 서 있다.

몇 년 전, 한 방송사 다큐멘터리에서 '모성'에 대해 진단한 적이 있었다. 그 프로그램은 모성은 여성이라면 누구나 갖고 있는 기본적인 속성인가 하는 물음으로 시작했다. 몇몇 산모는 아이를 낳는 순간 저절로 모성애가 발휘될 줄 알았다가 그렇지 않은 것을 느끼게 되자 당황한 기색이 역력했다. 직접 낳은 이 낯선 존재에 무조건 사랑하는 마음이 쑥쑥 나오지 않는다는 것이었다. 사실, 산모들에게 있어서 걸림돌은 하루아침에 전혀 다른 '모성을 가진 엄마'라는 존재로 탈바꿈하려는 욕심이었다. 결국, 모성은 경험에 의해 만들어지고 배워나가는 것이라는 결론으로 프로그램이 끝났다.

『삐약이 엄마』를 보고 그 프로그램이 떠올랐다. 준비하고 계

획했던 예비엄마들도 이렇게 당황스럽고 혼란스러운데, 얼결에 삐약이를 낳아버린 니양이는 어떻겠는가. 하루아침에 똥 누다가 아기를 낳아버린, 그래서 엄마 역할을 해야 하는 니양이. 아시다시피 세상의 엄마들은 완벽하지 않다. 마치 삐약이에게 '깨끗하고 맛있는' 먹을거리를 챙겨주고자 쓰레기통을 뒤지는 습성을 보이기도 하는 니양이처럼. 즉, 엄마이기 이전 습성이 불쑥불쑥 나오기도 한다.

이웃들에게 인정받는 엄마가 된 뒤에도 삐약이 엄마는 삐약이와 지붕 위에 올라가 있다. 삐약이가 위험한 일이라면 앞장서서 막았던 삐약이 엄마도 때로는 '니양이'의 습성을 드러내는 실수를 하면서 점점 나은 삐약이 엄마가 되어간다. 나아가 그 이름의 경계가 모호해지고 너무도 자연스러워지는 경지, 그러니까 고귀하고 특별하려고 애쓰는 모성에서 엄마 그 자체가 될 것이다. 그쯤 되면, 니냔이를 삐약이 엄마라고 했듯이 삐약이 엄마를 니양이라고 불러도 괜찮겠다. 니양이의 속성이 드러나더라도 삐약이 엄마일 수 있는 것처럼, '삐약이 엄마'라는 이름을 마음에 쏙 들어 하는 것을 넘어 니양이가 삐약이 엄마인 것을 까맣게 잊어버리는 단계에 이를 테니까. 그런 의미에서, 삐약이와 삐약이 엄마가 지붕에 올라가 있게 배치한 작가의 기막힌 솜씨에 무릎을 치지 않을 수 없었다. 때문에 발을 동동 구를 만큼 이 그림책을 좋아하지 않을 수 없었다. 멋진 여지를 보여주는 그림을 마지막 장에 떡하니 앉히더니, 니양이 발자국만 있다가 삐약이 엄마와 삐약이 발자국이 나란히 찍힌 앞뒤의 면지는 그래서 덤으로 받은 선물 같다. 풀어진 듯 하지만 절대로 느슨하지 않은, 그래서 기대를 여지없이 깨는 것으로 한껏 기대에 부응한 작품이 바로 『삐약이 엄마』다.

    저글링을 하던 '흰' 달걀과 삐약이가 된 '노란' 달걀, 이웃들과 어울릴 때의 '흰' 병아리들과 '노란' 삐약이. 그리고 암탉과 병아리가 아닌 '고양이와 병아리'의 새로운 가족관계에 대한 이야기는 지면 관계상 다음 기회로 미루는 이 아쉬움을 어떡하나. 작가는 몇 줄 안 되는 글로 하고 싶은 말을 넘치도록 표현해냈건만, 필자는 이래저래 주워오고 길어온 말이 여럿임에도, 텍스트의 수십 배가 넘는 언어를 끌어들이고도, 못내 아쉽기만 하다. 어쩌면 그것이 이 책을 손에서 놓을 수 없게 만드는 매력이 아닐까.

● 커졌다
서현
사계절.
52p

잘 자란다는 것

『눈물바다』로 재치와 유머와 상상력을 한껏 보여줬던 서현이 이번에는 『커졌다』를 냈다. 『커졌다』도 『눈물바다』만큼이나 재치 있고 유머러스하다. 그러나 상상력은 훨씬 커졌다. 엄마 아빠의 다리만 보일만큼 작은 버섯머리 아이가 쑥 커졌듯 작가의 상상력 또한 극대화되었다.

첫 그림책 『눈물바다』는 이러저러한 일로 아이가 눈물을 흘리고 그 눈물이 바다를 이룬다. 밤톨머리 아이는 눈물바다에서 신나게 놀며 쌓인 설움을 해소하고 엄마 아빠까지 구했다. 눈물이 바다를 이룬다니 참으로 기발하다. 그런데 이번에는 그 상상력을 우주까지 훌쩍 넘어서버렸다. 우주라니. 그것도 키가 작아도 한참 작은 버섯머리 아이를 통해서 말이다. 하, 키가 작아서 책꽂이 세 번째 칸의 책도 꺼낼 수 없던 아이가 우주까지 커졌다.

『커졌다』의 아이는 버섯머리를 하고 있다. 위태위태하게 까치발을 하고서도 엄마 아빠의 무릎께에도 채 못 미치던 작은 아이다. 크고 싶은 아이는 키가 클 수 있다는 온갖 방법을 동원한다. 소가 될 만큼 우유 마시기, 다리를 잡아 늘이기, 다리 쭉쭉 밀어주기, 다리에 돌을 달고 철봉에 매달리기, 길쭉한 음식들 먹어치우기, 푹 자기, 키높이 신발신기, 천장에 거꾸로 매달리기……. 눈물겹다. 가상한 노력을 하는 동안 버섯머리 아이의 표정은 매우 어둡다. 그러던 어느 날 책을 통해 한 가지 발견한다. 책을 통한 지식습득이다. 이 대목에서 작가는 커진다는 것의 의미를 확장하기 시작한다. 단순한 사이즈 늘리기가 아니라는 것이다. 여하튼 아이가 책을 통해 발견한 것은 비를 맞고 나무가 자라는 것. 우산도 비옷도 버리고 나무처럼 발을 흙에 심는다. 급했다. 엎어진 신발 한 짝을 보면. 발을 땅에 깊이 심고 있다는 발상이 결코 가볍지 않다. 어쩌면 커간다는 것의 시작은 현실에 뿌리를 두고 출발한다는 주장만 같다. 현실에 뿌리를 두지 않은 불안정함을 거부하는 것이다.

아이는 입을 벌린 채 하늘을 향해 비를 기다린다. 기다린다는 것. 성장에는 기다림 즉 인내가 필요하고 얼마만큼의 견딤은 필수일 것이다. 아이가 나무로 심어졌을 때 주변에는 싹이 셋이었다.

드디어 비가 내린다. 비는 어쩌면 자라면서 필요한 양분이며 자극일 것이다. 쑥쑥 자라는 데 필요한 양분과 자극은 다름 아닌 비였다. 교육도 자본도 아닌 그냥 자연현상인 비. 생각해볼 만한 대목이다. 아이가 비를 맞을 때 주변에 싹은 아홉으로 늘어나 있다. 물론 자라 오른 싹도 있다. 아이 그러니까 내가 자랄 때 주변도 함께 자란다. 비가 내리는 동안 아이의 발가락에서 뿌리가 뻗어난다. 아이는 지붕이 모자가 될 만큼, 아빠 회사 빌딩을 다 들여다볼 만큼쯤 커졌다. 사람들이 개미 만해 보인다. 커지니까 배가 고프고 목이 마르다. 여기서 작가는 전봇대로 강물을 쭉쭉 빨아먹고 슈퍼마켓 내용물을 통째로 흡입하는 재미를 덤으로 준다.

비는 계속 오고 아이의 머리가 하늘까지 닿아 구름을 뚫는다. 하늘나라까지 닿았다. 하, 그런데 이 하늘나라 꽤 의미심장하다. 과연 누구의 하늘나라란 말인가. 예수와 부처는 배드민턴 게임 중이시다. 부처가 친 셔틀콕을 예수가 받아낸다. 그 게임을 구경하며 점수판을 넘기는 신은 바로 알라와 단군 되시겠다. 그림을 그리는 염라대왕, 합창하는 선녀들, 무지개를 준비하는 천사, 팔이 여럿인 이국 신들까지 다양하다. 이 하늘나라는 도대체 소속이 어딜까. 우리끼리만 가는 하늘나라가 아니다. 너도 나도 누구도 가는 하늘나라다. 예수와 부처가 서로를 배척하는 곳이 아닌 서로 게임을 하는 친구다. 어디 그뿐이랴. 우리에게 익숙한 단군 할아버지까지 더불어 한자리 하고 있으니. 그걸 훔쳐보는 버섯머리 아이의 즐거워서 입이 쭉 벌어졌다. 살짝 올린 손은 인사라도 건네는 것 같고 딱 같이 놀자는 표정이다. 기독교니 불교니 이슬람이니 하는 모든 경계와 편가름과 배척을 단번에 무화시켜버리는, 그래서 멋진 하늘나라로 바꿔버렸다. 아이는 이러한 상황을 거리낌 없이 즐거이 받아들인다. 한손까지 흔들어가며. 과연 우리 아이들이 이보다 더 어떻게 잘 자랄 수 있단 말인가. 이쯤은 돼야 하지 않을까싶다. 동심을 그린다면 말이다. 이 뛰어난 한 컷에서 보여준 작가의 기발함과 거침없음에 큰 박수를 보낸다.

버섯머리 아이는 쭉쭉 커져서 우주까지 닿는다. 글자까지도 시원스레, 슈우우욱!

우주에서 장난스런 로봇친구를 만나고 별똥별 사탕과 해님 조각도 먹는다. 그러니까 우주를 먹는거다. 아이가 우주를 먹었을 때 아이 주변에는 빙글빙글 원이 여울처럼 그려져 있다. 자연스럽고 부드럽고 그러면서도 질서정연하다. 양 볼이 불룩한 아이. 별과 해님 조각과 우주의 이것저것을 삼킨다는 것은 어쩌면 우주의 원리를 깨친 것이라고 읽힌다. 커진다는 것, 그러니까 자란다는 것은 자연과 우주의 원리를 깨친 것이라 하겠다. 땅에 뿌리를 두었고, 종교를 뛰어넘고 우주의 원리를 깨치는 것 그 상태야말로 진정하게 커졌다고 하는 상태일 것이다.

그런데 읍, 지구도 삼켜버렸다. 뱉어내야 할 차례. 깜짝 놀란 아이는 퉤퉤퉤 뱉어낸다. 그러다보니 별똥별 사탕, 은하수 과자, 해님 한 조각, 슈퍼마켓, 지구까지 모두 뱉는다. 뱉어내고 보니 다시 작아져서 즐겁게 아빠에게 안착. 집에서 재잘거리며 밥을 먹는다.

이제 아이는 더 이상 위태로운 까치발을 하지 않아도 된다, 안정적인 자세로도 셋째 칸에 꽂힌 책을 쓱 집어낸다. 뒤통수가 아닌 당당하게 앞모습을 드러내면서 한껏 웃는다.

커진다는 것은, 규모나 부피 등이 전보다 늘어나는 것과 강해지고 성숙해지고 높아지고 넓어지는 것을 포함한다. 그러니까 질적인 것과 양적인 것을 두루 아우르는 뜻이다.

작가는, 버섯머리 아이의 키가 쑥쑥 커지는 것을 표면에 배치하고 나머지는 그림으로 멋지게 조합해두었다. 그리하여 버섯머리 아이로 대표되는 잘 자란 아이가, 아니 잘 자라고 있는 아이가 서 있는 것이다.

나만, 우리 가족만, 우리 지역만, 우리 학교만, 우리나라만…… 이 수많은 '만'을 갖고 있는 우리는 진짜 큰 게 맞을까? 지구를 삼키고도 놀라지도 않고 뱉어낼 생각은 더더욱 못하는 것은 아닌지 곰곰이 반성해볼 일이다. 반성하며 생각하며 아이들과 함께 잘 자라고 싶다.

● 새미 리 다이빙을 사랑한 한국인 소년
유보라 글
이담 그림
이재원 옮김
길벗어린이
32p

세계속으로 다이빙

　십 수 년 넘게 수영을 즐겨온 탓에 수영에 대한 그림책이라면 무조건 반갑다. 〈수영장〉, 〈출발 바다 수영 대회〉, 〈수박 수영장〉, 〈수영장 가는 날〉, 〈수영하기〉 등을 즐겨보았다. 그 중 〈새미 리〉는 결이 좀 다른 다이빙 이야기다. 수영장 대신 모래 웅덩이에서 훈련해야 했던 그의 이야기를 오래 들여다보곤 한다.
　글을 쓴 유보라는 미국에서 한국인들의 역사를 공부하다가 새미 리 이야기를 접하고 이 책을 쓰게 되었다고 한다.

　새미 리는 1948년 런던 올림픽 다이빙 종목 우승으로 금메달리스트가 된 한국인 2세다.
　수영장에는 수요일만 들어갈 수 있을 정도로 백인이 아닌 사람들을 차별한 미국에서 새미는 다이빙 선수가 된 것이다.

    코치를 찾으려고 수영대회에 나가서 짐 라이언을 만난다. 새미가 공공수영장을 일주일에 한 번밖에 이용할 수 없기 때문에 라이언 코치는 웅덩이에 모래를 채우고 다이빙대를 설치한 뒤 다이빙 연습을 하게 했다. 그러던 중에는 새미를 수없이 많은 인종차별을 겪어야만 했다. 아버지의 슬픔을 알게 된 새미를 의과대학에 들어가서 공부를 던 중 아버지가 돌아가신다. 새미는 아버지의 뜻에 따라 의사가 된다. 그러면서도 수영선수의 꿈은 포기하지 못한다. 결국 1948년 런던 올림픽에 출전해서 공중회전 세 바퀴 반을 멋지게 돌아서 올림픽 챔피언이 된다.

    새미는 자신만을 위해서가 아니라 라이언 코치, 함께 다이빙을 하던 친구 하트, 그리고 '마음을 다해 노력하면 무엇이든 이룰 수 있다'는 아버지를 위해 승리한 것이다.

    그는 모든 수영장이 피부색에 상관없이 모든 미국인에게 개방되기를 소망했다. 그 뒤 전쟁을 전후로 한국 선수들을 지도해 주기도 했다고 한다.

    미국은 인종 차별이 심한 나라다. 그러면서도 자유로운 곳이기도 하다. 자유와 평화를 맛 보면서도 심한 인종차별을 당하는 유색인종들은 백인보다 성공하기가 훨씬 힘들다. 새미 리의 경우 뿐 아니라 그 밖에도 알려진 경우는 허다하다. 그래서 새

미 리의 성공이 더 자랑스럽다. 차별과 어려움 속에서 더 노력하여 꿈을 이룬 것이기 때문이다.

첫 독서는 한국인의 힘, 끈기, 노력 등으로 읽었다. 그러나 두 번째는 왜 새미가 다이빙을 택했을까에 대한 답을 찾고자 다시 읽어보았다. 그것은 딱 한 가지에서 출발했다.

"MEMBERS ONLY, EXCEPT WEDSDAY"라고 적힌 표지판이 그 시작이었다. 열두 살 소년 새미 리는 그 뜻을 알고 있었다. 백인은 언제나 들어갈 수 있으나 유색인종은 수요일에만 가능하다는 것이다. 더운 캘리포니아에서 일주일에 딱 한 번만 유색인종에게 풀장입장을 허용한 것이다. 철조망 밖에서 새미는 안을 들여다봤다. 다이빙을 하는 한 소년의 모습이 보였다. 부러웠다.

기다리던 수요일 새미는 바로 다이빙대에 올라가서 양팔을 날개처럼 펴고 '나는 날고 있어'라고 생각하면 공중회전을 했다.

바로 그것이다. 새미는 날고 싶었다. 어깨를 펴고 새처럼 날고 싶었다. 새는 자유를 상징한다. 뭔가에 얽매이지 않고 구속되지 않고 훨훨 날고 싶은 것이다. 유색인종과 백인을 가리지 않는 어딘가로 날고 싶은 욕망을 다이빙으로 드러냈다고 할 수 있다. 새가 나는 곳은 하늘이다. 지상보다 높은 곳이다. 피부 색깔로 사람을 차별하는 그들보다 한 차원 높은 곳에 위치할 수 있는 새미의 이상을 읽어낼 수 있겠다.

성적 우수한 학생이면서도 고등학교 졸업 무도회에도 참석하지 못한 유색인 새미 리는 이미 그들과 다른 시선을 두고 있었고 그들과 다른 정신을 소유하고 있었다.

열 두살 소년이었던 새미는 이미 백인을 넘어선 것이다. 수요일에 다이빙대에 올라서 '나는 날고 있어'라고 생각하는 그 순간 이미 승리한 것이며 챔피언이 된 것이다.

그러나 우리는 놓치지 말아야한다. 새미 리는 한국을 사랑하지만 분명 미국인이다. 한국인 피가 흐른다고 해도 미국인임은 분명하고 그는 성조기를 휘날리며 금메달을 받았고 지금도 미국인으로 살고 있다.

새미 리가 한국인이어야 한다거나 미국인이 아니었더라면 이 책이 더 감동적이었을 거라는 말은 아니다. 그저 이 책 제목이 마음에 걸리기 때문에 언급하는 것이다.

새미 리는 분명 한국인 아버지를 뒀고, 한국인 피가 흐르고 있다. 그의 성이 그것을 확인시켜준다. 그렇지만 국적은 국전이다. 그런데 제목을 왜 '다이빙을 사랑한 한국인 소년 새미 리'라고 했을까.

그냥 사람으로서 새미 리를 자랑스러워하고, 박수를 보내도 이 책에 대한 감동이 결코 줄어들지 않을 텐데 말이다.

미국이 자랑스러워하는 선수를 생각해봤다. 마이클 조던, 타이거 우즈, 안톤 오노 등 무수히 많은 그들에게 미국인들은 열광한다. 그러면서도 그들은 박수가 끝나면 다시 백인으로 돌아간다.

사족이 길어졌으나 그렇다는 얘기다. 긴 사족을 털어버리고자 수영장으로 달려가서 물에 몸을 담그고 싶다.

● 어떡하지?
앤서니 브라운 글·그림
홍현미 옮김
웅진씽크빅
32p

두려움을 넘어서

 톰의 생일 파티에서 시간을 보낸 조는 자신의 생일 파티도 하고 싶다고 한다. 꼭 하고 싶다고 강조하고 있다. 이로 짐작해 보건대, 조는 아직 생일 파티를 해보지 않은 아이다. 그러니 그의 다짐대로 생일이 되는 날 파티를 할 것이다. 파티를 할 마음을 먹은 것은 톰의 생일파티에서 즐겁게 지냈기 때문이다. 그런데 시작부터 즐거운 것은 아니었다. 왜냐하면, 주소를 잃어버렸으니, 모르는 상태로 톰의 집을 찾아가야 했다. 게다가 생일파티라고는 처음 가보는 거였다. 집 찾는 것도 처음이요, 생일파티에 가는 것도 처음이니 조의 두려움은 훨씬 크고도 깊다.

 첫 장면을 보자. 양손으로 톰에게 줄 선물을 끌어안은 조의 그림자가 검고 길다. 어쩌면 조의 두려움도 꼭 그러할 것이다.

파티에 모르는 애가 있으면 얼마나 어색할까. 못된 애들이 파티에 있으면 어쩌나 걱정이 시작된다. 새 친구를 만나는 건 좋은 일이고 못된 애들이 아닐 거라는 엄마의 위로도 별 도움이 되지 않는다. 사람이 엄청나게 많을지 모른다는 것도 걱정이요. 싫어하는 음식들만 나올까봐 그것도 걱정이다. 무시무시한 놀이를 할까봐. 엄마가 데리러오지 않을까봐 또 걱정 걱정이다. 걱정이 걱정을 물고 두려움은 커지기만 한다. 이 두려움을 앤서니 브라운은 어떻게 드러내고 있는지 살펴보자. 앤서니 브라운은 그림 구석구석에 기발한 장치를 숨겨 놓는 것으로도 유명하다. 조의 두려움을 그림 속에 완벽하게 표현해냈음을 곳곳에서 발견할 수 있다.

걱정을 안고 엄마와 나서는 길가에서 만난 달은 외계인처럼 퀭한 눈을 하고 있다. 구름도 우주선 모양이고 나무는 검고 앙상하다. 낯설고 어색하고 뭔가 괴기스럽다. 조의 마음처럼 말이다.

파티에 모르는 애가 있으면 어쩌나 걱정하는 조의 마음은 낯선 집은 괴물 귀를 가진 부부와 이상한 강아지가 있는 집으로 표현돼 있다. 한 마디로 보통 사람이 사는 집이 아니다. 톰의 집인가 하고 들여다보는 조의 심리가 이보다 더 적나라할 수 있겠는가.

모르는 사람들이 엄청나게 많으면 어쩌나 하는 조의 두려움은 집안이 꽉 차게 큰데다가 뾰족한 상아까지 가진 코끼리로 대신했다. 먹기 싫은 음식들만 나오면 어쩌나 하는 조의 마음은, 달팽이, 눈알, 애벌레 등이 가득한 식탁에서 식사를 하는 어느 집안의 모습으로 보여 준다. 무시무시한 놀이를 하면 어쩌나하고 걱정하는 조의 마음은, 뱀이 기어 다니고 사람을 상자에 집어넣고 눈을 가리는 난잡하고 과격한 놀이 모습으로 드러냈다. 이렇게 조의 두려움을 표현한 장면은 풀 페이지로 구성해 놓았다. 장면 크기만으로도 조의 큰 두려움이 충분히 감지되도록 한 작가의 기발한 장치다.

두려움뿐 아니다. 톰의 집을 모르니 조에게는 이 길이 아주 막연한 길이다. 그러니 더듬어 가야 하며 짐작해야 하고 위험과 두려움으로 가득찬 채 걸어야 한다. 앞으로의 삶이 어쩌면 그럴지도 모른다는 짐작을 가능케 한다. 이 두려움 앞에서 무릎을 꿇을 수도 있다. 결국 조는 길 끝에서 그냥 집으로 돌아가겠다고 한다. 한 집 앞에서 이 집이 톰의 집이 아닐까 묻는 엄마 말에 들여다보지도 않고 조는 아니라고 단호하게 대답해버린다. 이제 더 이상 두려움에 시달리지 않고 돌아서고 싶은 조의 마음이 이 대화로 충분하게 드러난다. 이제 그냥 집으로 돌아가겠다며 돌아서는 톰의 얼굴에 미소가 엿보인다.

두려움 앞에 주저앉고 안주할 때는 일시적인 편안함이 있을 것이다. 조의 얼굴이 그것을 말해주고 있는 건 아닐까. 어쩌면 안주는 달콤한 유혹일지도 모른다는 작가의 일침으로 읽어도 좋을 것 같다.

다행히, 그때 톰의 집 문이 열리고 조는 친구들에게 환영을 받으며 파티장으로 들어간다.

엄마와 함께가 아닌 혼자서 들어가야 한다. 찾아다닐 때는 엄마와 함께 하지만 결국 파티장은 혼자 가야하는 곳. 그러니까 엄마에게 의지하는 길도 있지만 어느 순간에는 두렵지만 엄마 손을 놓고 혼자서 뚜벅뚜벅 가야한다는 메시지로 읽힌다. 두려움을 건넌 조의 성장은 이렇게 차근차근 도타워지고 단단해질 것이다.

여기까지만 해도 멋진 책이건만, 앤서니 브라운은 한 번 더 웃음과 생각거리를 던져 준다. 바로 엄마의 독백이다. 조를 혼자서 들여보낸 엄마는 더럭 걱정에 휩싸인다. 조가 괜찮을까, 속상해하지 않을까, 이럴까 저럴까 걱정이다. 조각 생일 파티에 처음이듯이, 엄마한테도 아들을 생일 파티에 보낸 것이 처음인 것이다. 조가 엄마 품과 손을 놓고 혼자서 가는 것이 두려움이듯 품과 손을 내줬던 엄마도 빈 가슴과 빈 손이 아득하고 두려운 것이다. 아이만 두려움을 넘어선 홀로서기가 힘든 것이 아니라, 어른도 마찬가지라는 진실. 이것이야말로, 역시 앤서니 브라운다운 울림이 아닐까 싶다.

그러나 두려움만 보여 준 것이 아니다. 두 시간 뒤 조를 데리러 톰의 집에 갔더니 조의 얼굴은 즐거움으로 환하디 환하다. 더구나 자신의 생일 파티도 하고 싶다고 한다. 아이도 엄마도 낯선 출발을 두려워했으나, 겪고 나면 단단해진다는 메시지는 그야말로 한 번 더 무릎을 치게 만드는 반전이라 하겠다. 그래서 그림책 전체 그림 중 가장 환한 조의 표정은 덤이라 하겠다. 목까지 단단히 감았던 두꺼운 외투 대신 가볍고 경쾌한 파란 티셔츠 하나로도 두려움을 잘 건너서 기쁨에 도달한 조의 마음을 짐작하고도 남는다.

생일이라는 것은 태어난 날이고, 태어났으니 그날이 기원이 되는 날이다. '나'를 인식하는 날이기도 하다. 그런데 조는 초대장을 잃어버렸고 톰의 집 주소를 몰랐었다. 주소 없이 톰의 집을 찾아가야 하는 상황이었지만 이 두려움을 잘 헤치고 나갔다. 그런 순간 '나'는 단단해지고 자랄 것이다. 조가 그렇듯, 아이가 그렇듯, 어른이 그렇듯이.

● 그날, 어둠이 찾아왔어
레모니 스니켓 글
존 클라센 그림
김경연 옮김
문학동네
40p

몸을 바꿔 나타나는 어둠

　라즐로는 몇 가지 느낌으로 어둠을 감지한다. 어둠은 지붕이 삐걱대는 소리처럼 으스스하기도 하고, 커다란 창문처럼 차가운 것이기도 하다. 오르락내리락하는 계단처럼 위험하기도 하며 옷장이나 커튼 뒤에 숨어 있어서 뭔가 불온해 보이기도 한다. 한 가지로 규정되지 않고, 한 얼굴로 나타나지도 않는다. 더구나 밝을 때는 아무렇지도 않던 지붕이며 창문이나 계단, 옷장, 커튼이 어둠을 덧입고 있기도 하다. 그러니 더 무섭다. 특히, 밤만 되면 가까이 있는 듯하여 더더욱 무섭다. 그런 어둠이 바로 '그날' 라즐로를 찾아왔다.

　라즐로는 어둠을 무서워한다. 창문으로 해가 질 무렵부터 벌써 걱정이 된다. 가지고 놀던 장난감 자동차 옆에는 벌써 준비해 둔 손전등이 있다. 점점 몸을 키우는 어둠으로 인해 라즐로는 작아진다. 어둠은 옷장에 숨어 있기도 하고 샤워 커튼 뒤에 앉아 있기도 했다. 그런데 어둠은 주로 지하실에서 지냈다. 덜컹거리는 세탁기 소리를 피하고 오래되고 축축한 상자와 아무도 열지 않는 서랍장에 몸을 붙인 채 하루 종일 지하실에서 지냈다. 오래되고 축축한 상자나 아무도 열지 않는 서랍장이라니. 그런 상자나 서랍장만으로도 그 자체로도 이미 등골이 서늘해지건만, 그 속에서 지내는 어둠이라니. 그것도 지하실에서 말이다. 아무튼 그 어둠은 밤만 되면 라즐로네 집 창문과 문을 향해 쭉쭉 몸을 뻗으며 밖으로 나왔다. 물론, 아침이 되면 다시 지하실로 돌아가지만 말이다.

 라즐로는 어둠에게 "안녕, 어둠아"라고 인사를 하고 싶었다. 어쩌면 먼저 찾아가서 인사를 건네면 어둠이 자기 방으로 오지 않을지도 모른다고 생각했기 때문이다. 그러니까 어둠도 무섭지만 더 무서운 건 라즐로 방으로 찾아온다는 사실이었다. 하지만 먼저 인사하는 건 말 그대로 생각뿐이다. 어둠이 너무너무 무서워서 꼬마전구를 켜고, 손에는 손전등을 쥐어야만 잠들 수 있는 겁쟁이였으므로 먼저 찾아가는 건 엄두도 못 냈다.

 어느 날, 그러니까 바로 '그날' 어둠이 라즐로를 부르며 찾아왔다. 어둠의 목소리는 삐걱이는 지붕이 내는 소리 같기도 하

고, 창문처럼 차갑기도 해서 아주 아득히 멀리서 들리는 것 같았다. 망설이던 라즐로가 대답하자, 어둠은 보여줄 게 있다고 한다. 옷장도 아니고, 샤워커튼 뒤도 아니고 아래층 거실도 아니다. 거실로 내려가는 길에 만난 큰 창문, 새까만 창밖, 비꺽대는 지붕 소리에 라즐로는 눈을 감고 만다. 눈을 감았으니 이젠 온통 어둠뿐이다. 더 어둠을 똑바로 바라보지 못하고 눈을 감았으니 한 발자국도 나갈 수가 없다.

멈춰버린 라즐로에게 어둠은 "아니, 거기 말고." 라며 멈춘 라즐로를 흔든다. "이 아래." 라며 잡아끈다. 더 아래 더 아래 지하실로 라즐로를 이끈다. 지하실이라니. 이제껏 밤중에 지하실에 가는 걸 생각도 못 했던 라즐로에게 지하실로 내려오라는 것이다. 어둠의 부름을 따라갈 것인가 말 것인가. 라즐로는 계단 앞에서 얼마나 망설였을까. 망설이는 라즐로에게 어둠은 '가까이 와' 라고 말한다. 급기야 손전등을 든 라즐로는 어둠에게 가까이 다가간다. 그런데 어둠은 '더 가까이' 오라고 한다. 그러고는 맨 아래 서랍을 열어보라고 말한다. 맨 아래 서랍을 열어보니 꼬마전구가 있다. 라즐로는 어둠에게 고마워한다. 다시 침대로 돌아온 라즐로. 라즐로 방은 이젠 꼬마전구 덕분에 더 이상 어둡지 않다. 그저 자려고 눈을 감을 때 빼고는 어둠이 보이지 않는다. 잘 자고 일어난 라즐로는 어둠을 찾아 지하실로 간다. 인사를 건네지만 어둠은 대답이 없다. 그저 서랍장 맨 아래

서랍이 열린 채 놓여있을 뿐. 서랍장은 웃은 입처럼 보였다. 그 뒤로도 어둠은 여전히 라즐로와 함께 살지만 이제 라즐로는 어둠이 무섭지 않다.

　라즐로가 어둠을 무서워하지 않게 된 것은, 어둠을 직접 만났기 때문이다. 두려웠지만 이야기를 나누었고 소통을 했다. 그래서 어둠을 알게 되었다. 상상만 했던 어둠을 이제는 어디서 지내고 있는지, 그리고 나에게 빛을 나누어 주기도 하는 존재임을 알게 되었다. 이 때, 어둠에 대한 두려움에서 벗어날 수 있었다.
　살아갈 때도 그럴 것이다. 빛이 없는 어둠은 살아가며 수 없이 맞닥뜨린다. 어둠은 두려움의 모습으로 때로는 절망의 모습으로 혹은 이별이나 좌절의 모습으로 모양을 바꿔 나타난다. 그것도 평소에는 아무렇지도 않았던 대상에 어둠이 덧입혀 나타난다. 그래서 더 어둡게 느껴지고 더 두려운지도 모른다. 일상 곳곳에 별다를 바 없이 웅크리고 있는 어둠이라니. 어둠이 다가올 때, 그때마다 우리는 두려움과 절망과 이별과 좌절과 정면으로 마주할 수밖에 없다. 피하거나 눈감는다고 어둠이 없어지지 않는다. 눈을 뜨고 어둠을 바라보며 다가가야 한다. 한 발짝도 뗄 수 없이 두렵지만 라즐로가 어둠을 향해 나아갔듯이 말이다.

하지만 라즐로에게서 어둠이 온전히 없어진 것은 아니다. 어둠은 여전히 라즐로와 함께 한다. 그러나 두려움이 없어졌을 뿐이다. 어둠과 온전히 대면했기 때문에 두려움이 없어졌다. 살아가면서 어둠이 얼굴을 바꿀 때면, 또 다시 두려움이 찾아오겠지만, 그때마다 정면으로 마주할 수 있을 것이다. 처음 어둠과 대면했을 때처럼 말이다. 손전등 하나를 들고 힘들게 한 발짝씩 옮겼던 라즐로가 더 이상 어둠을 두려워하지 않게 되었듯이. 라즐로 또래 아이가 세상을 향해 한 발짝 나서는 시작이 어쩌면 이러할 것이다.

라즐로가 지하실로 가서 서랍 앞에 서는 부분에 설명과 당부의 글이 보인다. 이 멋진 그림책에서 좀 아쉽게 느껴지는 부분이다. 그림으로 충분히 보여주었고, 라즐로의 표정과 조심스런 걸음걸이로 모든 것을 느낄 수 있으니 이 대목은 넘친 우려가 아닌가 싶다. 어쩌면 표4(뒤표지)에만 있어도 좋은 부분같이 느껴지는 것은 이 그림책이 지닌 수많은 장점 때문에 가진 욕심이겠으나 여전히 아쉽다.

STORY

— 02 —

우리를 읽는 시간

- 숲 속 작은 집 창가에

유타 바우어 글·그림

유혜자 옮김

북극곰

38p

숲 속 작은 집 식구들

유타 바우어는 이 동요를 바탕으로 하여 그림책 『숲 속 작은 집 창가에』를 만들어 냈다. 동요를 바탕으로 하되, 몇 가지를 살짝 바꾸었다. 동요와 다른 것은 '작은 아이'는 '노루'로 바뀌었고, 노루가 사람인 '사냥꾼'을 구해 주는 것으로 달리했다. 거기다가 노루가 이 모두를 먹이는 것이 첨가되었다. 토끼와 여우와 사냥꾼을 먹이는 노루라니. 내용을 들여다보자.

노루가 사는 숲 속 작은 집은 노란 불빛이 있는 따뜻한 곳이다. 겨울 어느 날, 노루는 눈 쌓인 차디찬 밖을 내다보고 있다. 뭔가 걱정하는 눈치다. 역시 저 멀리서 토끼 한 마리가 헐레벌떡 달려온다. 총을 멘 사냥꾼과 사냥개에게 쫓기는 토끼다. 황

급히 문을 두드리며 도움을 청하는 토끼 몸에서 눈이 툭툭 떨어진다. 다급한 상황을 설명하는 토끼를 노루는 집안으로 맞아들인다. 노루 손에는 숟가락이 들려 있다. 먹다가 나온 것인지, 음식을 만들다 나온 것인지 숟가락을 쥔 채다.

 식탁을 앞에 두고 노루와 토끼가 손을 맞잡았다. 식탁에는 둘이 먹을 음식이 차려졌고 노루가 들고 있던 숟가락은 토끼 쪽 접시에 놓여 있다. 메뉴 역시 토끼가 좋아하는 당근과 홍당무도 있다. 노루는 목숨이 위태롭던 토끼에게 따뜻한 집과 옷과 손을 내어 주었다. 더불어 음식을 내주었다. 기꺼이 내어 준 음식은 이 둘을 함께 음식을 먹는 사이로 만들 것이다. 따스한 등불조차 이들을 부드럽게 비춰 주고 있다.

 따뜻한 어느 날, 노루가 창밖을 보고 있다. 토끼도 가까이에 함께 있다. 겨울에서 봄이 되도록 토끼와 노루는 손을 잡고 더불어 살아온 것이다. 이미 식구가 된 셈. 이렇게 평화로운 때, 사냥꾼에게 쫓기던 여우가 도움을 청한다. 여우 소리를 듣고는 벌벌 떠는 토끼를 노루는 일단 달랜다. 하지만 토끼가 먹던 음식도 토끼처럼 위태롭게 흔들린다.

 노루는 여우를 맞아들인다. 토끼가 앉아있던 의자는 넘어져 있고, 식탁 위도 음식도 쓰러져서 엉망이 되어 있다. 토끼가 먹던 것들이다. 이보다 더 토끼의 위태로움을 잘 나타낼 수 있으랴 싶다. 먹을 것이 엉망인 것은 삶이 엉망인 것과 같을 것이다. 여우 앞에서 토끼가 느낄 위협은 능히 짐작할 수 있다. 노루는 부들부들 떠는 토끼와 여우가 손을 맞잡게 한다. 여우에게도 토끼에게 그랬듯, 집과 옷과 손을 내어 주었다. 그리고 음식도 내주었다.

가을이다. 옷을 입은 노루와 토끼와 여우는 지금껏 함께 살고 있다. 이들은 음식을 같이 먹고 사는 식구가 되었다. 셋은 즐겁게 카드놀이를 하고 있다. 음식을 먹으며 놀이를 하는 것이다. 함께 즐거운 시간을 보내느라 노루도 토끼도 여우도 창밖을 보고 있지 않았다.

사냥꾼이 개와 함께 뛰어와 도움을 청한다. 의기양양하게 토끼나 여우를 사냥했을 사냥꾼과 사냥개다. 배가 고프니 살려달라는 것. 총을 메고 있는 사냥꾼도 용맹스러운 사냥개도 배고픔 앞에서는 무릎을 꿇을 수밖에 없다. 노루와 여우와 토끼 앞에서 무릎을 꿇는 모습은 낙엽보다 더 왜소하다. 더구나 모자를 벗은 사냥꾼의 머리는 숱이 거의 없어 초라하기 그지없다. 총은 먹지 못한 그에게 아무런 힘도 되어주지 못한다. 배고픔 앞에서 사냥꾼은 "살려 주세요. 살려주세요. 배가 고파 죽을 것 같아요!" 라고 애원할 수밖에 없다. 배고픔 앞에서는 잘나고 못난 이도, 높고 낮은 이도, 강하고 약한 이도 있을 수 없다. 배고픔은 근본적으로 감출 수 없고 감추어지지 않는다. 동물도 인간도 모두 그렇다.

　사냥꾼 때문에 토끼와 여우는 혼미백산해서 몸을 숨기기에 바쁘다. 이들의 극심한 불안은 식탁 위를 보면 적나라하게 드러난다. 나뒹구는 그릇과 뒤엎어지고 쏟아진 음식들. 이것으로 토끼와 노루의 심정을 고스란히 드러내는 디테일이야말로 『고함쟁이 엄마』의 유타 바우어답다.

　노루는 의자 밑에 숨은 토끼와 침대 속에 몸을 숨긴 여우를 걱정스레 바라본다. 그러면서도 사냥꾼과 사냥개를 집안에 들이고 이들과 토끼, 여우가 서로 손을 잡게 한다. 손을 맞잡은 그들 앞에 케이크로 풍성한 식탁이 있다. 노루는 먹음직스러운 케이크를 자른다. 이 케이크는 모두가 함께 나누어 먹을 것이다. 이로써 이들이 식구가 되어 함께 지낼 것을 짐작하기 어렵지 않다.

　토끼와 여우와 사냥꾼과 사냥개에게 위안을 준 노루네 숲속 작은 집에는 커다란 식탁이 있다. 그리고 식탁 위에는 먹을 것이 놓여 있다. 위태로운 순간에 음식은 흔들리거나, 엎어져 있거나 쏟아져 있다. 먹을 것이 먹을 수 없게 된다는 뜻이다. 즉, 함께 나눌 수 없다는 뜻이다. 그러나 식탁에 잘 놓여 있을 때는 큰 위안을 주며 식구로 묶어주는 것이다.

　노루는 도움을 청한 이들에게 음식을 함께 먹게 해 주었다. 사냥꾼에게 쫓겨 목숨이 위태로운 토끼와 여우에게 손을 잡아

주고 먹을 것을 내줬다. 먹을 것을 내 준 것은 곧 식구로 받아들인다는 것. 그것은 함께 산다는 뜻이겠다. 토끼와 여우를 위협했던 사냥꾼과 사냥개에게도 노루는 손을 잡고 먹을 것은 내준다. 사냥꾼은 어쩌면 노루에게도 위험한 존재다. 그러나 한곳에서 음식을 같이 나누는 순간 그들은 식구가 된다.

식구는 같은 집에 살면서 끼니를 함께 하는 무리들이다. 혈육으로 이루어진 가족보다 훨씬 넓은 개념이다. '식구'가 언제부턴가 슬쩍 '가족'으로 덮어 쓰기가 된 듯해 서운해질 때가 있다.

유타 바우어는 숲 속 작은 집에 하나둘 모여든 위태롭고 외로운 무리를 식구로 묶어 주었다. 서로 손을 잡고 음식을 나누고 하나가 되게 했다. '사람이 동물에게가 아니라, 동물이 사람에게도 손을 내밀어 주었다'는 뒤집기에서 멈추지 않는 유타 바우어의 통찰에 박수를 보낸다. 더구나 작고 소소하고 때로는 비루하기까지 한 먹는 일, 그것으로 과감하게 이들을 묶어 준 것은 경이롭기까지 하다. 밥을 같이 먹는 일. 그것이야말로 서로 마음을 열고 손잡는 일에 다름 아니기 때문이다.

문득, 누군가에게 이 말을 건네고 싶어진다. 같이 밥 먹을까요?

● 숯 달고 고추 달고
이춘희 글
임재해 감수
사파리
44p

그땐 그랬지

조카가 태어나던 때가 생각난다.

식구가 모두 병원 대기실에 앉아 있었다. 몇 시간을 꼼짝 않고 기다렸다. 새 생명이 태어나는 것을 몇 번 겪은 식구들임에도 불구하고 이번에도 처음처럼 긴장을 했다. 산모는 오죽했으랴.

태어났다는 소식을 듣자마자 다들 손을 맞잡았다. 눈물을 글썽이면서 말이다. 아이의 아빠가 되는 오빠는 말할 필요도 없다. 손주를 둘이나 보신 부모님도 감격은 마찬가지였다.

탄생은 집안에서 가장 큰 일이며 대단한 행사다. 신생아야말로 경이로움 그 자체라고 할 수 있다. 새 우주가 우리 집안에 온 일이니 달리 설명할 길이 없이 엄숙하기도 하다.

우리 가족은 신생아실 유리창이 닳도록 보고 또 보았다. 봐도봐도 행복하고 신기할 따름이었다.

〈숯 달고 고추 달고〉를 펴면서도 그때의 설렘을 다시 불러올 수 있었다.

명진 공주와 용궁 공주는 서로 삼신 머니가 되려고 다툰다. 그것을 본 옥황상제는 '꽃 가꾸기'시합을 하도록 한다. 아이를 다루는 것을 꽃 가꾸는 것에 비할까마는 그만큼 정성을 다해야 한다는 뜻이라고 읽힌다.

명진 공주는 '조심조심 꽃씨를 심고 거름 주고 물 주며 정성껏' 꽃을 가꾼다.'따가운 햇살 아래 부지런히 김을 매고 벌레도 잡아'준다. 꽃밭에는 아름다운 '꽃'들이 피고 벌과 나비가 날아든다. 꽃향기가 바람을 타고 날아다닌. 날이야 어찌되었든 모든 정성을 다하고 온통 노동력을 내주어야 하는 일을 잘 감당한 것이다. 결국 명진 공주가 삼 할머니가 된다.

옥황상제는 '꽃을 가꾸는 마음으로 부잣집, 가난한 집 배운 사람, 못 배운 사람 가리지 말고' '아기 낳는 일을 도와'주라고 명령한다. 옥황상제의 큰 뜻은 태어나는 아이는 집안과 무관하게 소중한 존재라는 것이다.

미영이네 집에서는 할머니가 삼신상에 빌고 있다. 미영이 동생이 태어나려고 하는 것이다. 삼신할머니는 나오려고 하지 않는 아이 엉덩이를 찰싹 때려서 출산을 돕는다. 할아버지는 새

끼를 꼬고 아빠는 청솔가지를 가져와서 금줄을 단다. 당시에 할 수 있는 최선의 행위라고 할 수 있다. 의료가 발달되지 않은 때는 하늘에 안전과 건강을 빌 수밖에 없다.

삼칠일이 돼서 할머니는 다시 삼신상을 차리고 아이가 잘 자라도록 빈다. 이를 들은 삼신할머니는 말없이 고개를 끄덕인다. 아이 낳는 일을 도운 뿌듯함과, 부모의 마음을 다 안다는 끄덕임일 것이다.

이 책은 한 편의 옛 이야기처럼 쉽고 재미있게 읽힌다.

금줄의 의미와 청솔가지, 숯, 고추 등을 다는 이유를 쉽고 간결하게 일러주는 솜씨 또한 뛰어나다. 아이 엉덩이에 있는 '몽골반점' 역시 재미있게 이야기해준다. 아기를 '개똥이'로 부르는 이유 또한 할아버지 입을 통해 이야기하도록 하고 있다.

의학이 발달하지 않았을 때 우리 조상들의 소박하고 간절한 바람을 잘 드러내준다. 불안하고 초조할 때 누군가에게 의지하고 싶어진다. 탄생을 기다리는 산모나 가족들 역시 불안하고 초조하다. 그때 그들은 삼신할머니에게 빌고 의지한 것이다. 삼신할머니는 당시의 임부들과 그 가족에게 신앙이었을 것이다.

이 책의 장점은 이것을 미신으로만 치부하지 않고 하나의 아름다운 풍습으로 그리고 있다는 것이다. 명진공주가 꽃을 가꾸는 모습도 아이를 키우는 부모들의 마음이다. 조심조심 정성을 다하고, 따가운 햇살에서 김을 매주는 것이 그렇다. 아이를 받아들이고 키울 때의 모습인 것이다. 한 아이를 키우는 일이 얼마나 중요한 일인가를 짐작케 한다.

　우리 모두가 그렇게 자랐을 것이며 우리 아이들을 그렇게 키울 것이다. 우리 모두는 그렇게 귀한 존재들이구나 하는 생각도 든다.

　머리를 뜯고 싸우는 공주가 삼신할머니가 돼서 아이 낳는 것을 진심으로 돕는다는 것은 설득력이 약하다는 생각이 들었다. 그러나 머리를 뜯고 싸우는 미숙한 존재도 아이를 낳는 과정에 참여하게 되면 완전히 다른 존재가 된다는 것으로 이해하게 되었다. 적극적인 독서일 수도 있겠으나 그리 느껴졌다. 끝까지 공주 모습 그대로인데 왜 삼신할머니, '할머니'라고 했는지에 대한 설명이 덧붙여졌으면 하는 아쉬움이 작게 남았다. 할머니의 포괄적인 이야기는 알겠으나, 욕심을 내서 읽자니 그러하다는 것이다.

- 우리 동네에는 코끼리가 살아요

  크리스티나 본 글

  칼라 이루스타 그림

  장지영 옮김

  책속물고기

  32p

다른 각자가 함께하는 세상

　코끼리의 나이나 이름, 출신지 등은 아무도 모른다. 그러니 곧바로 경계 태세를 갖추기 시작한다. 사람들은 경찰관을 부른다는 둥 소방관을 부른다는 둥 어찌할 바를 모르고 난리다. 게다가 코끼리는 아무렇지 않게 지나가는 차들과 사람들 사이를 걸어 다닌다. 요란한 사이렌을 울리고 경찰관이 나타나고 소방차가 달려오자 놀란 코끼리는 도망치고 만다.

　그런데 달아나던 코끼리가 길 끝 공원에서 멈춘다. 공원에 들어가서 분수대 물을 마시고는 사람들을 향해 거대한 샤워기처럼 물을 뿌려댄다. 잘 살펴보면 이 행동은 사람들에게로 향한 공격이 아니다. 그저 코끼리의 일상적인 행동이다. 그런데 사람들은 이것을 명백한 공격으로 인식하여 소방관은 밧줄을, 경찰관은 수의사를 찾아오고 기자는 생방송으로 코끼리의 일거수일투족을 알리기에 바쁘다.

코끼리에 대해서 모르기 때문에 공포는 더 커진다. 상대를 제대로 모를 때, 그 상대는 훨씬 이질적으로 보이는 것이기 때문이다. 그런데 방송에서 코끼리에 대해 방송하면 할수록 방송을 시청한 사람들이 늘어나고, 그들에게 화젯거리가 된다. 화젯거리가 된다는 것은 공격과 유사한 반응 즉 이질적으로 보는 방식 중 하나다. 이질적으로 보아 공격하거나, 자신들과는 다른 색다른 존재로 보거나.

어쨌든, 이러저러한 반응을 보이면서 코끼리에 대해 알게 되고, 공격적인 존재가 아님을 깨닫는다. 이번에는 그저 구경의 대상으로서 코끼리가 공원에서 하는 짓들을 유심히 관찰한다. 코끼리는 꽃향기를 맡고 공원 구석구석을 산책하고 나뭇잎을 오래오래 바라보기도 하는 등 사람들이 공원에서 하는 행동과 다를 바 없다. 공원 호수에서 시원스레 수영을 끝내고는 나무 그늘에 앉아 눈을 감고 명상에 잠기기까지 하는 코끼리.

이 기회를 놓칠세라, 경찰관은 코끼리를 잡자고 나선다. 소방관들 역시 코끼리를 묶어놓자고, 수의사는 잠드는 주사를 놓고, 기자들은 사진을 찍어 전시하자고 자기 방식대로 나선다. 이때의 그림을 살펴보라. 사람들의 눈 앞에 선 거대한 코끼리 그림을 보라. 사람들은 구경꾼이요, 코끼리는 동물원 원숭이 같다.

방송은 연일 코끼리 소식으로 가득하다. 길 잃고 공원에서 지내는 코끼리 주인을 찾는 방송까지 내보낸다. '누구의 코끼리일까요?'하는 광고다. 또한 코끼리 주변에 울타리를 만들고 코끼리에게 이름을 지어주고 싶어 한다. 그러고 보니, 지금껏 코끼리가 어른 코끼리인지, 수컷인지 암컷인지도 몰랐었다. 수의사가 어린 수컷 코끼리임을 밝혀낸다. 이어서 사람들은 그 코끼리에게 따듯하고 포근한 느낌을 주는 '봄날'이라는 이름까지 붙여 준다. 다각도로 관심을 가짐으로써 코끼리네 울타리를 만들어 주고 수컷 어린 코끼리임을 알아내고 이름을 붙여 주면서 '우리 동네'식으로 코끼리를 받아들일 수 있게 되었다.

공원은 '봄날'의 집이 되고 아이들은 '봄날'과 함께 즐겁게 논다. '봄날' 역시 아이들에게는 기꺼이 몸을 내줘서 미끄럼을 타게 해 주고 사람들과 발로 악수하는 법을 익히고 사람들이 다치지 않게 뛰어다닌다. 사람들의 애정 어린 관심에 코끼리 역시 마음을 내어주게 된다. 사람과 코끼리의 거리가 가까워질수록, 코끼리 크기가 사람을 압도하지 않는 그림으로 표현되고 있음을 알 수 있다.

하지만 코끼리는 이따금 외로움에 눈물을 흘린다. 코끼리는 코끼리이기 때문이다. 사람들과 어울리게 된다고 해서 코끼리가 사람인 것은 아니다.

　어느 날 코끼리의 주인이라는 서커스 단장이 나타나지만 코끼리 '봄날'은 서커스 단장을 거부한다. 거부하는 코끼리에게 단장은 채찍을 들고 나서지만 소용이 없다. '봄날'의 거부를 사람들이 알아차리고, 경찰관은 서커스 단장을 제지한다. 사람들 역시 서커스 단장에게 마을에서 나가달라 소리치고 결국 서커스 단장은 홀로 마을을 떠난다.

　주인에게 돌아가는 것을 당연시했던 사람들이 '봄날'의 입장에서 '봄날'의 마음을 읽어준 것이다. 이에 봄날은 행복함에 겨워 춤을 춘다. '봄날'의 행복에 사람들은 박수를 보낸다. '봄날'과 사람들이 진정으로 마음을 나눈 것이다. 사람들은 자신들의 방식이 아닌 코끼리의 입장에서 생각해 주고, 코끼리의 의사를 존중해 준 탓이다. 한 마디로 코끼리를 코끼리대로 존중해 준 것이다. 사람처럼 대하지 않고, 코끼리로서 대해 준 것이다. 이질적인 존재와 교감을 나누는 방식은 이질적인 존재를 나와 같이 만들어 버리는 것이 아니라 그 존재 자체로 인정해 주는 것이다.

　사람들 공원에 남게 된 외로운 '봄날'을 위해 '봄꽃'이라는 암컷 코끼리를 데려다준다. '봄날'과 '봄꽃'은 엄마 아빠가 되어 작은 '봄날'과 작은 '봄꽃'이 태어난다. 공원은 이 동네에서 가장 큰 집이 된다. 마을은 코끼리들이 나눠준 행운 덕분인지 좋은 일이 많이 생겼다고 한다.

남을 이해한다는 것은 상대방의 입장에서 생각하는 것으로 출발해야 한다. 내 방식으로 상대를 위한다는 것은 어쩌면 배려라는 이름으로 행해지는 폭력이 될 수 있음을 알아야 한다. 코끼리는 코끼리만의 방식이 있는 것이다. 사람이 사람들만의 방식이 있듯이. 그리하여 모든 이질적인 것을 획일화하려는 위험에서도 벗어날 수 있을 것이다. 우리는 모두 하나가 아니라 모든 각자가 각자로서 함께하는 것이 필요하다고 본다. 그 각자 중에는 커다래서 너무도 커다래서 압도적인 코끼리도 있는 세상이라면 참 즐거울 것 같다.

문득 떠오르는 신문기사 한 토막. 2005년 봄날, 대공원 근처 분식점에서 코끼리 세 마리가 나타나서 화제가 된 적이 있었다. 대공원 공연 중 도망친 코끼리였지만, 그 코끼리 덕분에 분식집은 대박이 났다고 한다. 코끼리가 나눠준 행운 덕분일까마는 문득 그림책에서의 '좋은 일'이 그런 종류의 대박은 아니었으면 좋겠다는 생각이 드는 건 왜일까.

- 우리 할머니 할아버지는
가끔 엉뚱한 이야기를 하십니다
  마리 부샨 지은이
  시몽 크루 그림
  함정임 옮긴이
  문학동네
  40p

꿈 많은 노인

손을 잡고 산책을 하는 할머니 할아버지의 등을 오래도록 바라본 적이 있다.

등은 약간씩 굽어 있었다. 노부부는 적당한 힘으로 쥔 서로의 손을 놓지 않고 천천히, 아주 천천히 공원을 걷고 있었다.

저 분들은 무슨 이야기를 주고받을까, 할 말들이 있긴 한 걸까, 저들은 무슨 생각을 하고 있을까, 무슨 재미로 시간을 보낼까, 사는 게 재미는 있을까, 참 여러 가지 궁금증이 일었다. 사실 돌이켜 보면, 젊다는 이유로 그들이 무료할 것이라고 단정하는 우를 범한 거였다.

사람은 나이가 들수록 아이가 된다는 말이 있다. 그 말은 아이와 비슷한 행동을 한다기보다는 정서적인 면에서 비슷하다는 뜻일 것이다. 순수한 면에서는 차치하고서 말이다.

이 작품 속의 할아버지와 할머니의 대화 내용을 보면 정말 그렇다는 생각이 든다. 평범한 일상을 이어가면서도 그들은 자신들의 꿈에 대해서 이야기를 하고, 생활에 대해서, 과거에 대해서 이야기를 한다.

내용이 아주 짧다. 단추를 달았느냐는 말로 시작하는데 이후 몇 대목을 소개하면 다음과 같다

바다에 다시 한 번 가 봤으면!
바다, 좋지!
말 타는 꿈을 꿨어요.

영감, 내가 밤에 혼자서 숲 속을 돌아다닐 수 있겠수?
그러다 거인하고 딱 마주치려고?
영감, 난 말이에요. 잠들기 전에 가끔 내가 오페라의 주인공이 되는 상상을 한다우.

오늘 아침에 유니콘을 봤어요.
어, 그래? 임자도?
온통 깃털로 뒤덮인 보아 뱀 한 마리 키워 봤으면!
임자 제정신이 아니구먼!

영감 땡땡 만나는 상상 해 본 적 있수?
아무렴, 아독 선장은 왜 빼?

한때는 정치를 해 보고 싶었다우.
임자, 내 단추 달았어?
영감, 영감은 무슨 꿈을 꿔요?

할머니와 할아버지가 이야기를 주고받는다. 반드시 응답을 바라는 것은 아니다. 때로는 응답이 없기도 하다. 그러나 할머니는, 서운해 하지 않는다. 계속 이야기를 한다. 그러나 이야기는 단편적이다. 서로 연관이 없는 것처럼 읽힌다. 그렇지만 결국 서로 의사소통이 된다.

표정만 봐도 무엇을 바라는지 알아차리는 노부부의 모습을 보는 듯했다.

할머니도 오페라의 주인공이 되는 상상을 한다. 과거에 꿨던 꿈을 여전히 꾸고 있는 것이다. 그러나 이 말에 대한 할아버지의 말은 없다. 그 여백이야말로 할아버지의 가장 강한 긍정이라는 생각이 든다. 할아버지 역시 그런 꿈들이 여전히 진행되고 있을 것이다. 그렇기 때문에 할머니가 아침에 만난 유니콘을 할아버지도 만날 수 있는 것이다.

서로 알고 있는 만화 주인공 이야기에서 맞장구를 치기도

한다. '정치를 해 보고 싶었다'는 할머니의 말에 할아버지는 비로소 현실로 돌아온다. 그러고는 '단추 달았'느냐고 묻는다. 그렇지만 할머니는 아직도 현실로 돌아오지 않고 '영감은 무슨 꿈'을 꾸는지를 묻는다.

대화에 있어서 할머니 할아버지와 아이들이 다른 점은 '~하고 싶어, ~를 꿈꿔'와 '~하고 싶었어, ~를 꿈꿨어'일 뿐이다.

번역자가 '여러분의 꿈은 미래를 향한 설렘이고, 할머니 할아버지들의 꿈은 과거를 향한 추억입니다.'라고 말하는 것과 같다.

작은 판형에 화려하지 않은 컬러를 사용한 이 책은 그 자체로도 소박하고 조용한 느낌을 준다. 마치, 꿈꾸고 있는 듯한 할머니와 할아버지의 표정처럼 말이다.

나이가 든다는 것은 숫자가 불어날 뿐, 바다에 가고 싶어 하고, 말을 타고 싶고, 안 가본 곳에 가고 싶어 한다. 그러니 나이 먹는 것을 슬퍼하거나 두려워하지 않아도 될 것 같다. 꿀 꿈도 여전히 남은 세대 아닌가. 그러니 담담하게 꿈 많은 노인으로 늙어가야겠다.

● 곰이 된 아빠와 스트레스 선생

세실리아 에우다베 글

하코보 뮤니츠 로페스 그림

유아가다 옮김

고래이야기

47p

만만찮은 선생을 다스리는 방법

　엄마, 아빠, 강아지와 사는 평범했던 아나는 이제 더 이상 행복하지 않다. 아나를 발레 학원에 데려다 주고, 아이스크림도 사 주고 모험 영화도 함께 봐 주던 아빠가 어느 날 아침, 으르렁대는 곰으로 변해 버렸기 때문이다. 게다가 화가 잔뜩 난 털북숭이 곰이다. 아빠가 곰으로 변하기 시작한 것은, 엄마가 아빠의 새 직장에 대해 물으면서부터다. 짐작하건대 아빠는 이직을 한 것이리라. 어쩌면 전 직장에서 만족스럽지 않거나 사정이 생겨서 옮겼을 것이다. 새 직장에 대한 기대는 클 테고 스트레스도 만만찮을 것으로 짐작된다. 퇴사와 이직 과정을 거치면서 아빠가 겪었을 스트레스는 짐작하고도 남음이 있다.
　그러니까 아빠가 받는 스트레스의 원인은 회사다. 문제는 아나다. 아나가 그것을 알 리가 있나. 그저 아나에게는 아빠일 뿐이다. 몇 주일 만에 아빠는 발톱과 이빨이 자라고 털북숭이가 되었으니 아나한테 아빠는 무섭고 사나울 뿐이다. 아빠의 회사 스트레스를 이해할 수는 없고 그저 아빠로 인해 아나는 스트레스를 받는다. 물론 자신은 그것도 모른 채 말이다. 이것이 아이의 슬픔이고 비극이다. 그 어렵다는 수학 시험에 백 점을 받아온 아나의 기쁨을 더 이상 아빠는 함께 나눠 주지 않는다. 그 대신 계산기를 두드릴 뿐이다. 아빠는 이제 아나에게 관심이 없다. 아니, 아빠 일이 훨씬 바빠서 더 이상 딸이 눈에 들어오지 않는다. 그저 바쁜 가운데 귀찮은 존재로 보이기도 한다.

커다란 계산기에 몰두하는 아빠는 강아지도 두려워할 만한 사나운 곰이다. 소리를 지르고 눈을 부라리고 집안에 있는 물건을 집어던지고 개를 걷어차기도 한다. 하지만 여전히 회사에 오가고 집에서는 커다란 계산기를 두드리며 계산하고 또 계산한다. 이런 모습이 아나의 눈에는 딱 곰이다. 그러니까 스트레스 상태인 아빠는 곧 아나에게 성난 곰인 것이다. 엄마에게 아빠의 변신 이유를 물으니, 스트레스 선생 때문이란다. 스트레스 선생은 세상 어디에나 있어서 찾기 쉽지 않다는 게 엄마의 설명이다. 게다가 아빠가 가는 곳은 어디든지 따라다닌다고 한다. 세상 어디에나 있는 스트레스. 그래서 도리어 원인을 찾기 어렵다는 폭력적인 사실.

스트레스는 적응하기 어려운 환경이나 조건에 처할 때 느끼는 심리적, 신체적 긴장 상태다. 그런데 이런 긴장 상태가 '선생'이란다. '녀석'이나 '놈'쯤도 아닌 '선생'이시다. 그러니 만만찮다. 아나는 스트레스 선생을 찾기 위해 꼼꼼하고 치밀하게 탐정으로 나선다. 투명인간일지, 날개가 달렸을지, 지독한 냄새를 가졌을지, 미꾸라지처럼 잘 피할지, 재빨리 숨는 재주를 가졌을지 모르지만 아나는 최선을 다해 스트레스 선생을 찾는다. 삐뽀와 협동해서 스트레스 선생을 쫓아 낼 계획도 세운다. 깜깜한 저녁도 그냥 넘길 수는 없다. 손전등을 들고 부엌부터 쓰레기통까지. 아빠의 물건부터 엄마의 물건까지, 벽에 걸린 그림 속까지 샅샅이 뒤졌지만 없다. 그러다 의자에서 넘어지고 아빠 곰에게 혼이 난다.

그토록 찾고 싶은 스트레스 선생은 찾지 못하고 아빠에게 무섭게 혼이 난 아나는 눈물이 쏟아진다. 울고 또 울고 며칠을 울어서 옷과 양탄자와 책이 모두 젖어 버린다. 이유를 모른 채 스트레스를 받은 아나한테 세상은 어쩌면 온통 축축한 공간일 것이다. 의사는 아나가 스트레스에 사로잡혀 있다는 진단을 내린다. 아, 그때 아나는 울음을 멈춘다. 드디어 스트레스 선생을 찾은 거다. 바로 자신과 함께 있다는 것. 최소한 자신과 함께 있으니 아빠에게 남아 있진 않을 테고 그러면 아빠는 더 이상 곰으로 변하지 않을 것이라는 아나의 아이다운 계산법이다.

아빠는 아나 침대 맡에 무릎을 꿇고 앉아 아나의 머리를 쓰다듬어 준다. 그러면서 조금씩 사람으로 돌아온다. 가끔씩은 으르렁대고 물건을 걷어차는 곰의 특성을 보이지만 날카로운 발톱이나 이는 없다. 아나가 보기에 이만한 것도 다행이다. 스트레스 선생은 호시탐탐 아나의 아빠를 노릴 것이다. 아빠를 노리는 것이 곧 아나 가족을 노리는 것이고 아나를 노리는 것은 뻔한 일. 그러니 감시를 게을리할 수 없다. 아나는 될 수 있는 한 자주 아빠가 곰이 아니라는 것을 말해 주는 것으로 아빠 곁에 스트레스 선생이 남아 있지 않게 감시한다. 아빠와 영화관에 간 아나는 가끔 아빠한테 남은 곰의 귀를 아빠가 졸 때, 잡아당겨 보기도 한다.

다시, '아나의 가족은 너희 가족과 좀 달라.'라고 했던 앞부분으로 돌아와 보자. 사실은 '너희 가족과 다르지 않다. 다들 '스트레스 선생'을 모시고 살 테니까. 그러나 가족의 일원에게 그 선생이 찾아왔을 때 서로 도움을 청하고 나눠야 하지 않을까. 그래서 행복하지 않은 시간을 줄여 줘야 하지 않겠는가.

세상은 숨 가쁘게 돌아간다. 그 속에서 부모들은 자식에게 눈을 둘 여유가 없다. 점점 곰이 될 수밖에 없다. 그러니 그 보살핌을 받아야 할 아이들도 곰이 되어 간다. 좀 더 솔직하게 말하면, 어른이 스트레스 상태일 때 더 여린 상대는 스트레스를 배로 받는다는 거다. 어떡해야 하나. 스트레스 선생을 잡는 소박한 방법부터 실천해 보자. 부디, 대화를 나누시라. 부모는 아이에게 부모의 상황을 잘 설명하고 도움을 청하시라. 아나가 아빠에게 영화관에 가는 여유를 주지 않았는가. 아이 역시 부모의 도움은 필수적이라 하겠다. 부모에게 자식은 스트레스를 주지만 스트레스 해소제이기도 하다. 아이에게 부모 역시 그런 존재일 것이다. 냉정한 말이지만 사실이다.

사족을 달자면, '어른들이여, 당신들 땜에 아이들이 상처를 입어요.'에 너무 힘을 준 것 같아 좀 아쉽다. '어른도 힘들어. 그러니 때로는 도와줘,'라고 했다면 어땠을까? 지나치게 솔직해지는 거여서 김이 좀 샐까?

● 개미의 일생과 역사

찰스 미쿠치 글그림

연진희 역

김승태 감수

주니어김영사

32p

개미 생각 인간 생각

　방 안에서 뒹굴 대며 밤늦도록 책을 읽었다. 조금 읽다가 물리면 다른 책을 펴서 보고, 시시하다싶으면 또 다른 책을 폈다. 방 안은 곧 책으로 난장판이 됐다. 새우깡도 한 자리를 잡았다. 아무리 부스러기를 떨어뜨리지 않는다고 해도 새우깡은 흔적을 남기기 마련이다.

　다음날 책을 책꽂이에 하나씩 꽂다가 개미를 발견했다.

　아파트 21층인데도 개미는 늠름하게 기어 다닌다. 엘리베이터를 타고, 난간을 타고, 계단으로 기어왔는지도 모른다.

　새우깡 부스러기를 끌고 바삐 움직이는 개미를 보자 문득 이 책이 생각났다.

개미는 1억 년 넘게 땅을 파며 산다. 극지방만 빼고는 어디서든지 살아가고 있고, 살 수 있는 것이 개미다.

길바닥이나, 계단, 정원, 보도블록 등 어디서도 쉽게 보는 개미여서 지구상 어디든 흔하게 사는 모양이다. 전 세계적으로 5,000종이 넘는 개미의 종류가 있다. 우리나라만 해도 120종류가 넘게 살고 있다. 우리가 그것들을 뭉뚱그려서 '개미'라고 할 뿐이다.

개미는 자기보다 다섯 배나 무거운 씨앗을 들어올리는 장사다. 그러고도 땅파기 선수다. 개미들은 1년 동안 160억 톤의 흙을 판다. 물론 전 세계의 개미가 판 흙을 말하는 것이다. 서로 후각, 촉각, 청각, 미각을 이용해서 말을 주고받으면서 말이다. 그런데 우스운 것은 개미들의 시력이 아주 나쁘다는 것이다. 하긴, 땅 속에서 눈을 쓸 필요가 없으니 그럴 만도 하다. 그래서 5센티미터 떨어진 곳의 물체는 못 본다.

알을 낳은 여왕개미를 비롯해서 일개미 수개미 등으로 가족을 이룬다. 그렇지만 여왕개미가 우선이다. 그만큼 개미들에게도 종족번식은 중대한 일인 것이다.

개미가 안전한 곳에 지은 집을 살살 들어 가보자.

개미들은 영리하게도 여러 층으로 빌딩을 지어서 산다. 낮 육아실과 밤 육아실이 따로 있고 식량 창고는 가장 아래층에 있다. 알을 낳는 여왕개미의 거처도 물론 따로 있다.

씨앗에 고묘하게 집을 짓는 오리가슴개미도 있고 잎사귀에 사는 베짜기 개미도 있다. 아카시의 나무의 가시 속에 사는 아카시아 개미, 나무줄기에 사는 목수개미도 있지만 이것들 역시 지능적으로 집을 짓고 사는 것은 같다.

개미의 종류를 얼마나 아는가.
알만한 개미로는 집개미, 불개미, 누운털개미, 특이한 이름으로는 목수개미, 재봉사개미, 버섯개미, 가시방패개미, 수확개미 재미있는 이름으로는 꿀단지개미, 꼬리치레개미 등이 있다. 그렇지만 5,000여종을 생각하면 개미 앞다리에 있는 빗처럼 생긴 가시 끝도 못 만진 셈이다.

우리가 아는 개미는 〈개미와 베짱이〉의 부지런한 개미로 한정된 것은 아닌가.

개미는 당번을 정해 식량을 찾아다니고, 배를 땅에 비벼서 페로몬 분비샘에서 기체가 나오도록 하여 길을 기억하고, 서로 도와서 식량을 집으로 가져간다. 한 집에 사는 모두가 동료이고 가족인 것이다.

이 책을 읽으면서 사람에 대해 생각하게 됐다. 공룡시대부터 살아온 개미의 일생과 역사를 이야기한 이 책은 보다 절실하게 인간의 이야기를 하고 있다는 생각이 들었다.

두껍지 않은 책이다. 그렇지만 개미에 대해서는 결코 만만치 않은 정보를 주고 있다. 거기다가 쉽고 재밌기까지 하니 무슨 말이 더 필요하겠는가.

에라, 모르겠다. 배 쭉 깔고 개미랑 같이 개미 책이나 다시 읽어야겠다.

● 겨레의 삶과 땀과 혼이 담긴 쌀 박물관

이성아 글

서원종, 박세정 그림

푸른나무

191p

밥과 같은 맛

학교에 취직하기 전에, 밥벌이를 하고자 이력서와 자기소개서 등을 제출한 적이 있었다.

자기소개서를 작성해야 했는데, '밥 같은 사람이 되고 싶다'는 제목으로 글을 써서 보냈다. 반찬처럼 특별한 맛을 낼 재주는 없지만 변하지 않는 진득한 맛, 질리지 않을 맛을 내는 몫을 하고 싶다는 내용이었던 것 같다.

썩 좋은 자격 요건이 아니었는데도 서류전형에서 붙었다. 면접에 갔을 때 첫 물음이 '자기소개서를 직접 썼느냐'는 것이었다.

글을 잘 쓰거나 못 쓴다는 평가를 위해 하는 말은 아니다. 밥이 얼마나 특별한 단어로 들렸으면 그랬을까 싶어서 지난 말을 꺼낸 것이다.

어쨌든 그곳에서 몇 해를 일하긴 했다. 밥 같은 역할을 했는지 여부는 자신 없지만 말이다.

밥은 맛이 없는 듯하면서도 맛있다. 아무것도 아닌 것 같지만 또 아주 중요하다. 없어도 될 것 같으면서도 없으면 절대 안 된다. 잊고 지낸 것 같으면서도 결코 잊지 못한다.

외국 여행 중에도 밥에 대한 그리움을 버리지 못한다.

좀 다른 말 같지만, 이 책을 읽으면서 '생수' 생각을 했다. 예전에는 물을 사먹는다는 생각조차 못했다. 돈을 주고 물을 사 먹다니 말도 안 되는 얘기였다. 그렇지만 지금은 분명히 돈을 주고 물을 사 먹고 있다. 공기까지도 돈을 주고 사는 실정이 현실이다.

쌀.

이것의 중요성을 많은 지면을 빌어서 구구절절이 얘기하는 것도 생수의 예와 같다는 생각이 든다. 밥을 먹고 잠을 자는 것처럼 굳이 얘기할 필요 없는 것이 중요해진 때인가 보다. 쌀이 얼마나 중요한지를 얘기하고 있다. 펴낸 지 시간이 지난 책이지만, 곧잘 꺼내보게 만드는 의미있는 책이다.

'쌀은 우리의 역사, 쌀 한 톨에 땀 한 말, 쌀은 살아 있다, 밥솥 안에서는 무슨 일이 벌어질까, 똥이 밥이 된다, 쌀로 만든 음식들, 약이 되는 밥, 농사짓는 사람들, 아낌없이 주는 쌀, 환경을 지키는 쌀'까지 10개의 큰 주제로 구성돼 있다.

'쌀은 우리의 역사'에서는 쌀이 우리의 주식이 된 기후와 토양에 관한 정보를 준다. '살 한 톨에 땀 한 말'은 쌀이 만들어지는 과정을 농사짓기와 농기구, 절기까지 아우르면서 잘 설명한다. 쌀 한 톨로 우리 역사를 더듬어볼 수 있겠다.

'쌀은 살아 있다'는 벼에서 쌀의 다양한 종류까지 전달한다. '밥솥 안에서는 무슨 일이 벌어질까'는 말 그대로 맛있는 밥 짓기와 특별한 밥 요리하는 방법까지 나와 있다. '밥이나 하라'는 말은 상대를 비하하는 뜻이지만, 사실 밥 하나 제대로 해내기는 쉽지 않다. 또한 갓 지은 밥 한 그릇이야 말로 우리에게 주는 위로는 말로 할 수 없다.

'똥이 밥이 된다'에서는 쌀에 관한 풍속과 민속놀이, 뒷간, 퇴비 등에 대한 정보를 제공했고 '쌀로 만든 음식'은 떡, 죽, 술, 가공식품, 여러 가지 밥상까지 아우르고 있다.

'약이 되는 밥'은 말 그대로 밥이 으뜸가는 보약임을 강조했다. '농사짓는 사람들'에서는 농촌 총각의 문제와 농사짓는 연구원을 소개하고 있다.

'아낌없이 주는 쌀'은 쌀을 지켜야 하는 이유에 대해 생명과 연관시켜서 정보를 제공했다. '환경을 지키는 쌀'에서는 농약의 문제, 새로운 농법, 유전자 조작의 문제를 짚었다. 21세기 4차혁명 시대에 쌀의 의미가 문득 궁금해진다.

이 방대한 정보 제공에 어울리게 제목도 〈겨레의 삶과 땀과 혼이 담긴 쌀 박물관〉이다.

정말로 박물관을 느낄 만큼 풍부한 지식을 전해준다. 심심찮게 쉼터를 제공해 주는 것도 재미를 더해주고 있다.

우리 민족이 밥을 주식으로 삼아 온 것은 3천년 가까이 된다고 한다. 그 정도의 세월이면 도저히 바뀔 수 없을 것 같다. 하지만 세대가 바뀌기 때문인지 밥의 자리가 점점 밀려나고 있다.

밀가루를 비롯한 패스트푸드에 익숙해진 탓이 가장 크다. 어른들이 말하기를 '나이 들면 결국 밥과 김치 맛을 찾게 된다'고 했다. 그럴 때의 '밥과 김치'는 옛 맛일 것이다. 먹어본 옛 맛 말이다. 그런데 요즘 사람들의 문제는 그 옛 맛이 패스트푸드나 인스턴트식품이라는 데 있다. 나이가 들어서도 돌아갈 맛이 없지 않을까. 아니, 돌아갈 맛이 패스트푸드이고 인스턴트 음식이 될 수도 있겠다. 상상해보면 문득 서늘해진다.

책 한 권이 그런 문제들을 일시에 바꿀 수는 없을 것이다. 그러나 밥맛처럼 은근하고 끈기 있는 '바꾸기' 방법이라는 생각이 든다. 이 책의 성과도 그렇지 않을까.

책이 해야 할 몫이 바로 밥과 같은 것이라고 생각한다.

● 학교 안 갈 거야
토니 로스 글
양희진 옮김
베틀북
30p

사회생활의 시작

베틀북 출판사에서 펴 낸 〈신통 방통 제제벨〉을 통해 토니 로스를 처음 만났다.

제제벨을 낳은 토니 로스를 어떻게 좋아하지 않겠는가.

그의 재능은 유머와 반전에 있다. 별로 유쾌할 것 같지 않은 주제를 시종일관 웃도록 이야기를 끌어가는 힘이 있다. 이 작품도 그의 이러한 장점을 유감없이 드러낸다.

토니 로스의 그림책에 들어가 보면 뭔가 뭉클함이 있다. 어쩌면 내안 깊숙한 곳에 도사린 정체성과 맞닿아 있기 때문이기도 할 것이다.

주인공 여자아이(이하, 아이)는 학교라는 곳에 겁을 먹고 있다. '아는 사람이 없고, 급식을 먹으면 배탈이 날 것 같고, 자신이 제일 어릴 것 같다고 했다. 또한 마사를 통해 선생님은 무서운 존재라는 선입견까지 갖고 있었다.

그러나 엄마는 그렇지 않다고 하나하나 설득한다.

그림으로 들어가 보자.

이를 모두 드러내고 웃는 아이의 사진이 걸린 집 안이다. 한 바닥이 모두 사용되었다. 아이는 거부의 표시로 팔짱을 맞걸고 있다. 엄마는 옷을 들고 허리를 약간 굽힌 채 아이를 달랜다. 둘의 시선은 마주보고 있다.

두 번째 바닥 역시 마주보는 모습이지만 아이는 소파 측면으로 피하고 모습도 조금 작게 그려져 있다. 반면 엄마는 나머지 반 바닥을 거의 차지한 채 허리를 더 굽히고 아이를 회유한다.

세 번째는 아예 엄마가 무릎을 꿇고 엎드린 상태로 아이를 설득한다. 아이는 테이블 밑에 들어가서 머리만 내밀고 있다. 그러나 옷과 모자는 착용했다. 조금씩 엄마에게 끌려가는 암시적 수법이다. 더구나 개집에 들어가 얼굴만 내밀고 있다. 그러나 엄마는 첫 번째 바닥처럼 허리를 조금만 굽히고 있다. 거기다가 외투에 목도리까지 한 외출차림이다. 이만하면 아이가 엄마에게 밀리고 있음을 알게 된다.

엄마가 아이를 끌고 가는 장면부터 바닥은 나뉜다. 학교에 억지로 밀어 넣는 부분과 지면을 나누고 있다. 이것은 상징적으로 느껴진다.

아이와 엄마의 마음이 분리됐다고 보인다. 그럼으로써 아이의 불안은 더 증폭됐을 것이다.

결말까지 이 나누기 수법은 이어진다. 아이는 학교에 적응한 듯 보인다. 학교와 친구 니키에 대한 자랑도 늘어 놓는다. 그 부분에서 엄마와 아이 생각은 완전히 따로 논다. 엄마가 상상한 니키와 아이가 말한 니키는 너무도 달랐다.

엄마는 니키에 대한 설명을 들으며 내 아이와 비슷한 아이를 상상하는 것에서 출발한다. 그 범위내에서 변형시킬 뿐이다.

엄마는 아이의 친구를 함께 학교 가면 되겠다는 것으로 이해한다. 그러나 아이와 니키는 화들짝 놀란다.

엄마의 손을 유심히 보면 재미있는 것을 발견할 수 있다. 아이를 자신의 뜻으로 당길수록, 이길수록 손이 호주머니에 들어가 있다. 자신감이다. 손을 다 내놓고 있다가, 허리를 펴고 한 손만 호주머니에, 그 다음엔 양손이 호주머니에 들어가 있다.

학교에 대해서는 아이나 부모 모두가 긴장과 불안을 갖고 시작한다. 그런데 그 불안은 엄마와 아이가 한 바닥을 함께 공유하고 눈길을 마주칠수록 적어지지 않을까?

아이에게는 분리불안증이 있다고 한다. 그것을 이겨내며 학교생활을 시작하는 것이다. 불안과 해소 사이의 간극을 메우는 데 이 책이 한몫을 한 것 같다.